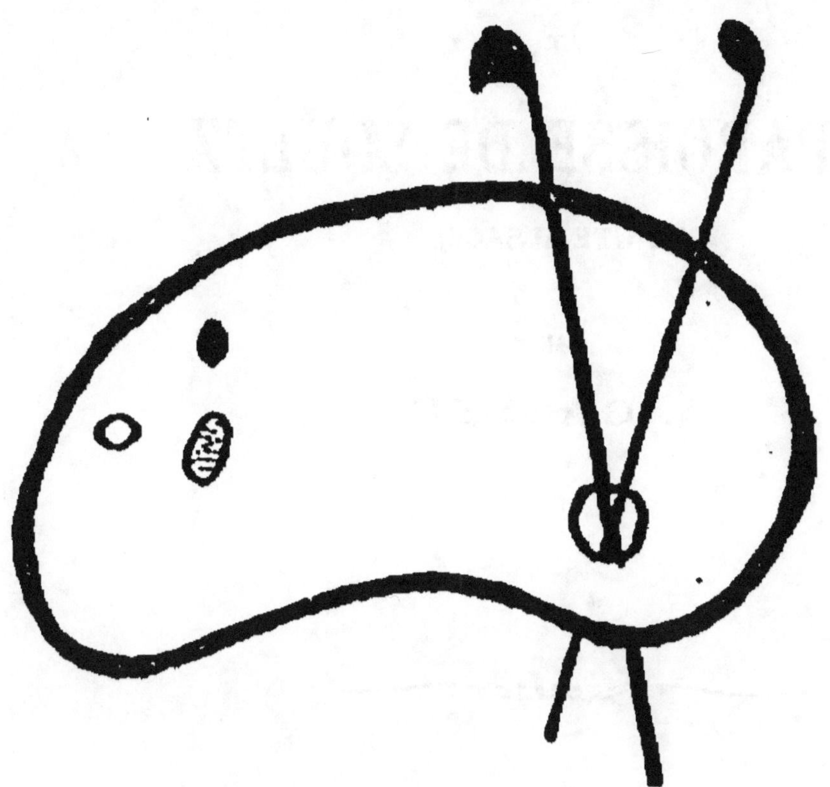

DEBUT D'UNE SERIE DE DOCUMENTS
EN COULEUR

Bibliothèque de la „Revue d'Alsace". — VI.

L'ÉGLISE

ET

LA PAROISSE DE SOULTZ

(HAUTE-ALSACE)

PAR

A. GASSER

PARIS
A. PICARD & FILS
rue Bonaparte, 82

COLMAR
H. HUFFEL
Place neuve, 8

1906

BIBLIOTHÈQUE
DE LA „REVUE D'ALSACE"

Pour répondre à un vœu qui lui a été souvent exprimé, la Direction de la *Revue d'Alsace* a commencé la publication, sous le titre de **Bibliothèque de la Revue d'Alsace**, d'un supplément exclusivement réservé à des travaux, documents, mémoires historiques, etc., que leur longueur ne permettait que difficilement d'insérer dans le corps même de la *Revue*.

Ont paru jusqu'ici :

I. *Les anciens règlements municipaux de la ville d'Ammerschwihr de 1561*, publié par M. Ch. HOFFMANN. In-8° de 229 pages. Prix : **4 marcs.**

II. Le *Journal du palais du Conseil souverain d'Alsace, de Holdt*, publié par M. Angel INGOLD. Tome I, avec le portrait de l'auteur. In-8° de 171 pages. Prix : **4 marcs.**

IV. *Le Protestantisme à Haguenau*, par M. HANAUER. In-8° de 359 pages. Prix : **4 marcs.**

V. *Turenne et le maréchal de Rosen*, par A. M. P. INGOLD. In-8° de 40 pages. Prix : **1 marc.**

VI. *L'église et la paroisse de Soultz* (Haute-Alsace), par A. GASSER. In-8° de 82 pages. Prix : **2 marcs.**

En cours de publication :

III. Le *Journal de Holdt.* Tome II°.

VII. *Les Suffragants de l'ancien évêché de Bâle*, par Mgr. CHÈVRE.

En préparation :

L'obituaire des chevaliers de Saint-Jean de Sélestadt, par E. RODÉ.

Registre des bénéficiers de la partie alsacienne de l'ancien diocèse de Bâle, de 1437 à 1500, par M. l'abbé NEHR.

La guerre de Trente Ans à Haguenau, par M. HANAUER.

L'Alsace au XVIII° siècle, par Ch. HOFFMANN (en souscription).

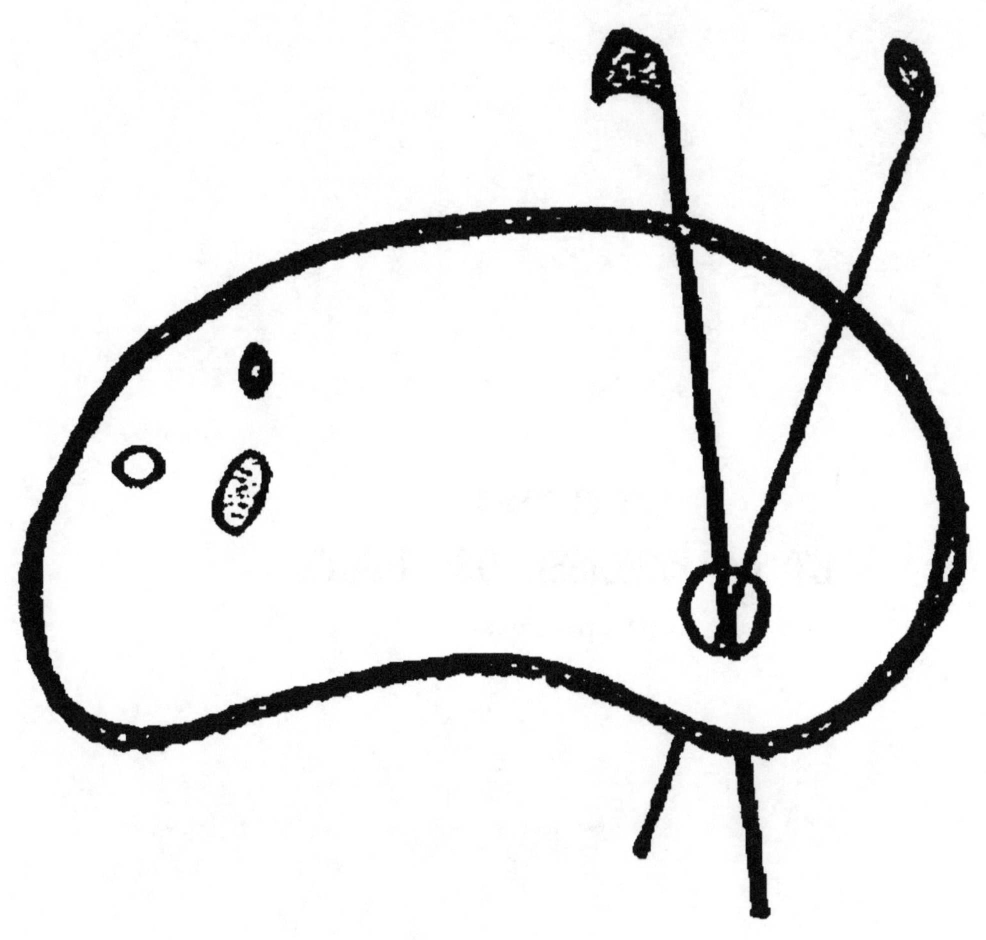

FIN D'UNE SERIE DE DOCUMENTS
EN COULEUR

L'ÉGLISE
ET LA PAROISSE DE SOULTZ
(HAUTE-ALSACE)

REVUE D'ALSACE (SUPPLÉMENT)

BIBLIOTHÈQUE

DE LA „REVUE D'ALSACE"

TOME VIe DE LA COLLECTION

COLMAR
H. HUFFEL, LIBRAIRE
1905

L'ÉGLISE

ET

LA PAROISSE DE SOULTZ

(HAUTE-ALSACE)

Par

A. GASSER

***

COLMAR
H. HUFFEL, LIBRAIRE
1905

RIXHEIM (ALSACE). — IMPRIMERIE F. SUTTER & CIE

L'ÉGLISE
ET LA PAROISSE DE SOULTZ

(Haute-Alsace)

C'est au IIIe siècle, d'après Grandidier, que le christianisme se répandit en Alsace et probablement dans la marche de Soultz.

Au IVe et au Ve siècle, on voit créer les paroisses rurales destinées à donner aux fidèles la possibilité de persévérer dans la doctrine des Apôtres, dans la communion de la fraction du pain et dans la prière.

Un prêtre fut attaché d'abord au service de plusieurs églises, puis chaque église eut son propre prêtre. Cependant celui-ci n'eut point le droit de s'attribuer les revenus de sa paroisse, consistant en dimes ou oblations quelconques. Car dans la primitive Eglise tous les revenus ecclésiastiques étaient versés dans le trésor de l'église épiscopale, l'évêque seul en avait la haute administration, et c'est sous sa direction que la distribution en était faite aux clercs de son diocèse [1].

Les églises paroissiales étaient d'abord disséminées dans les campagnes et recevaient les chrétiens de toutes les localités environnantes. Peu à peu une église ou chapelle fut érigée dans chaque agglomération, mais

---

[1] Voy. IMBART DE LA TOUR, *Les paroisses rurales du IVe au XIe siècle.*

la première église paroissiale fut appelée église-mère, et, comme nous l'avons dit, un seul prêtre, résidant à côté de cette église, desservait toutes celles de sa paroisse.

Ce n'est qu'avec le temps, l'accroissement de la population chrétienne, et l'augmentation des revenus ecclésiastiques que l'église de chaque agglomération devint une paroisse distincte.

Il y avait une église-mère dans la marche de Soultz dès le VIIe siècle, car elle est rappelée dans les titres d'Ebersmunster : donation d'Athic vers 667 [1]), diplomes de Louis le Débonnaire de 818 et 824. Cette église-mère était-elle à Alsviller, comme le veut Berler, ou à Soultz même? Nous penchons vers cette dernière hypothèse, car on a trouvé des tombes mérovingiennes à Soultz, alors qu'on n'en a pas encore découvert sur l'emplacement d'Alsviller. L'église paroissiale de Soultz est sous le vocable de saint Maurice qui était également le patron d'Ebersmunster. Cela ferait supposer que l'érection de la paroisse de Soultz est due à cette abbaye. Le patron de l'église d'Alsviller était saint Georges.

Dans tous les cas, au XIIe siècle Soultz formait une paroisse distincte avec des annexes, puisque Diethelm, *rector et presbyter in villa et in parochia Sulza*, préside à la fondation de Thierenbach en 1135, puis à la prestation du vœu solennel des habitants de cette localité et des *églises et chapelles dépendantes de la paroisse de Soultz*, en 1138.

Grandidier cite un *Baldemarus, plebanus de Sulze*, qui signa, en 1202, une charte de l'évêque de Strasbourg en faveur du monastère de Schwartzenthann [2]).

Tout cela infirme les assertions de Berler qui veut que Soultz ne se soit formé qu'en 1254, autour du

1) Chronique d'Ebersmunster.
2) Arch. de l'Evêché à Saverne.

château de Buchneck *mitt Stifftung ein besundre pfarr-kirch.*

L'existence de la paroisse de Soultz au XIIIe siècle est certaine, car Ulric, comte de Ferrette, tenait en fief le patronage de l'église de Soultz et céda ce fief en 1230 aux frères Walter et Burkard, comtes de Horbourg [1]. Les mêmes seigneurs de Horbourg sont cités comme tenant ce fief en 1254 [2]. A ce moment le curé, *plebanus*, est un prêtre nommé Berthold, cité en 1254 et 1255 [3].

Plus tard l'évêque de Strasbourg, à qui appartenait la collature de la cure de Soultz, reprit ce fief et le garda jusqu'à la Révolution. La paroisse de Soultz faisait partie du diocèse de Bâle, et elle était incorporée au doyenné *citra Colles Ottonis*. Le curé, *incuratus ecclesie Sulse*, figure pour la taxe de 15 sols bâlois dans les comptes du sous-collecteur de l'évêché de Bâle en 1302-1304 [4]. En 1340 nous trouvons la cure de Soultz érigée en rectorat [5]. Un pouillé de 1394, conservé aux archives départementales de Colmar [6] taxe le recteur de Soultz à 70 marcs, de même que le *liber marcarum* de l'évêché de Bâle de 1441.

La paroisse de Soultz comprenait, avec la ville, les villages de Jungholtz, Rimbach-Zell et Rimbach, et le hameau de Diefenbach et des Verreries du Ballon. Wuenheim formait une paroisse distincte, dont le magistrat de Soultz était le collateur, mais pendant les fréquentes vacances de cette cure, elle était administrée par le recteur de Soultz. Dans les temps de guerre, les paroisses de Rœdersheim et de Hartmansviller

---

1) Archives d'insbrock, n^t 530.
2) TROUILLAT, I, p. 605.
3) Ib., I, p. 605, 632.
4) KIRSCH, *Päpstliche Kollektorien in Deutschland,* extr. des arch. du Vatican.
5) TROUILLAT, III, 525.
6) C. 47.

venaient aussi se réfugier dans celle de Soultz. Il en résulte que ses registres paroissiaux contiennent des actes qui concernent les habitants de ces différents villages.

Rimbach-Zell forma une paroisse distincte en 1784, Rimbach eut son église et son curé vers 1870. Les Verreries avaient au XVIIe siècle une chapelle dédiée à saint Antoine, mais ce n'était qu'un ermitage qui tomba bientôt en ruine. Quant à Jungholtz, il y avait dans ce village une chapelle dédiée à sainte Claire. Mais il ne forme paroisse distincte de Soultz que depuis 1880 ; son église est celle de Notre-Dame de Thierenbach.

Nous ignorons comment était construit le bâtiment primitif de l'église paroissiale de Soultz. Mais la ville devenant importante, il est probable que l'église qui existait au moment de sa constitution municipale, devint trop petite, et, d'autre part, que les bourgeois voulurent élever à Dieu un temple digne de la ferveur de ces temps. La première pierre de cet édifice fut posée à la fin du XIIIe siècle ou au commencement du XIVe. C'est alors que l'on vit s'élever le magnifique bâtiment en grès des Vosges, aux proportions d'une légèreté remarquable, que l'on admire encore aujourd'hui. Son orientation est très précise.

Son plan figure une croix latine dont les bras sont formés par le transept. Le chevet du chœur est coupé carrément comme dans les édifices du XIIIe siècle, au lieu de présenter une abside circulaire. La voûte en berceau croisé en ogive surélevée est soutenue par des nervures arrondies qui émergent des colonnes engagées dans les quatre angles. Celles-ci sont munies de chapiteaux à crochets avec entablement fortement saillant. Les arcades murales reposent également sur de minces colonnettes accolées aux piliers des angles et munies de chapiteaux semblables. La clef de voûte est ornée d'un Agnus Dei et d'une tête.

Le chœur est éclairé sur chacune des trois faces par une fenêtre étroite et haute à trois lancettes surmontées de trois cercles.

L'arc triomphal repose sur deux puissantes colonnes avec chapiteaux à crochets et entablement largement saillant, sur lesquels reposent également les arcades qui ouvrent les bras du transept.

Celui-ci est aussi couvert en voûte croisée soutenue par des colonnes d'angles comme au chœur. Cependant ici les chapiteaux sont ornés de feuillage, et, tandis que les colonnes du chœur n'ont pas de base, celles du transept ont des bases octogonales. La clef de voûte du bras sud est ornée d'un voile de sainte Véronique. Ils sont éclairés par des fenêtres à deux meneaux, comme au chœur. Au nord et au sud, deux grandes niches à arcades gothiques semblent avoir été destinées à des tombeaux. Le sol du transept, de même que celui de la nef est d'une marche plus bas que celui du chœur; nous verrons plus loin que ce sol a été exhaussé et que le chœur dominait autrefois de trois marches.

La nef centrale s'élève élégamment au-dessus de deux petites nefs latérales. Elle a quatre travées. Dans les deux premières, la voûte en berceau croisé, ogivale, repose sur trois forts piliers constitués par des faisceaux de colonnettes avec chapiteaux à feuillage et entablement, les bases sont octogones et les clefs de voûte ornées, mais les arcades qui les séparent des bas-côtés émergent déjà des piliers sans l'intermédiaire de chapiteaux, ni de consoles; de même les demi-colonnes des bas-côtés manquent de chapiteaux. Les fenêtres qui éclairent la nef dans ces deux travées et dans les bas-côtés correspondants, sont à deux lancettes géminées, surmontées d'un simple cercle. Les deux travées suivantes reposent sur deux piliers et deux demi-piliers octogones à moulures prismatiques qui se continuent sans chapiteaux le long des arcades jusqu'à la clef de voûte; celle du dernier compartiment porte les armes de Robert de Bavière, évêque de Strasbourg (1471-78): écartelé au premier et au quatrième de gueule à la bande d'or (armes du landgraviat de la Basse-Alsace), au second de sable au lion rampant d'or (palatinat du Rhin), au troisième losangé d'argent et d'azur mis en bande (armes de Bavière). Les fenêtres de cette dernière partie sont décorées de meneaux flamboyants. Deux chapelles ont été accolées à chacune des aisselles de la croisée et s'ouvrent sur les bas-côtés. La clef de voûte du compartiment de la nef latérale nord qui correspond à la chapelle, est décorée d'armoiries mi-partie d'azur et de gueule à quatre fleurs de lys tigées d'or et issant de la partition deux à deux.

Les chapelles latérales très simples sont à l'intérieur de forme pentagonale irrégulière, à cause des contreforts du transept. Les voûtes reposent sur les murs sans consoles, et elles sont éclairées par une fenêtre ogivale sans meneau. Les clefs de voûte sont en forme d'écus.

Le portail principal n'a aucune importance architecturale et contraste péniblement avec ce que promettaient les premières parties de l'édifice.

La porte ogivale a le tympan sans ornement; on y voit une inscription moderne qui a peut-être remplacé une partie détruite à la Révolution. Cette porte s'ouvre sur un porche étroit à cintre surbaissé, dont l'intrados est orné d'un réseau de nervures à section piriforme encaissant de profonds caissons et émergeant de colonnettes octogones sans chapiteaux.

Plus intéressant est le portail sud qui s'ouvre sur la deuxième travée de la nef. Les voussures sont ornées de belles crosses végétales, et le tympan à deux compartiments superposés présente en bas-relief, dans la partie supérieure, saint Maurice à cheval et armé en chevalier comme sur le grand sceau de la ville de Soultz. Dans la partie inférieure est une adoration des Mages. Contre le mur extérieur contigu de la chapelle est un mauvais bas-relief représentant Jésus au Jardin des Oliviers (XVIIe-XVIIIe siècle). Cette partie était autrefois couverte par un auvent que l'on a heureusement fait disparaître. Dans la troisième travée nord est également ouverte une porte latérale ogivale sans aucun ornement, mais portant la date de 1562.

Les contreforts sont surmontés de pinacles pyramidaux très simples, les arcs-boutants sont sans caractère. On voit, fixés au contrefort qui est contigu à la porte latérale sud, les anciens étalons des mesures de longueur à Soultz; et contre celui de l'angle sud-ouest est accroché le Klapperstein, la pierre des mauvaises langues, sous la date 1489 qui se trouve également reproduite sur le linteau intérieur du grand portail.

Une élégante sacristie est placée dans l'angle du chœur et de l'aile nord du transept. Elle est quadrangulaire et l'intrados de la voûte est décoré d'un splendide réseau de nervures émanant de consoles d'angles et d'une colonnette centrale à fût en torsade. Les clefs de voûte sont ornées d'un Saint-Esprit et d'une tête. Sur la pointe du pignon Est de l'église est le traditionnel nid de cigognes, sur celle des trois autres pignons sont des croix en fer plantées sur des boutons en pierre très simples.

Le clocher octogone s'élève sur la croisée; on y monte par un escalier tournant placé dans une tourelle à l'angle du chœur et de l'aile sud du transept. Il est à deux étages; le premier est décoré de fenêtres ogivales à deux lancettes surmontées d'un quatre-feuilles et au-dessus règne une galerie avec gargouilles. L'étage supérieur est également orné de huit fenêtres à meneaux flamboyants, et la seconde galerie qui le surmonte est à jour avec antéfixes aux angles. Sur le côté sud de la galerie, un ovale plein porte à l'extérieur un écusson chargé d'un triton autour duquel on lit cette inscription:

DANIEL DEMARET TAILLEUR DE PIERE

et sur la bande de l'appui 16 † 10. A l'intérieur de la

balustrade, sur le même ovale, un écusson porte encore:

DDM. ANNO MDCX.

Le clocher est surmonté d'une pointe effilée et aiguë, terminée par un bouton doré, sur lequel est fixé une croix en fer forgé qui porte la date de 1738; le tout est terminé par une étoile ou soleil et un croissant de lune formant girouette. M. Knoll donne les dimensions suivantes:

Hauteur de l'église au transept 17ᵐ 30, épaisseur de la voûte du clocher 4ᵐ 74, hauteur du premier étage 8ᵐ 87, du deuxième 6ᵐ 15, de la flèche 26ᵐ, total: 63ᵐ 06. La boule dorée a 0ᵐ 64 de diamètre et 0ᵐ 42 de hauteur. La croix a 2ᵐ de hauteur et le soleil 0ᵐ 50 de diamètre. Les dates que Knoll a données pour la construction de l'église ne reposent sur aucun fondement certain. A notre avis, le plan général et le chœur appartiennent encore à l'art gothique primordial, ou du XIII siècle, le transept appartient à une époque de transition, et les deux premières travées sont évidemment du XIV siècle. Après la destruction du village d'Alsviller la ville s'étant accrue de la population de ce village, on sentit la nécessité d'agrandir et d'achever l'église. Le style des deux dernières travées et du portail appartient au gothique tertiaire ou flamboyant, les armes de Robert de Bavière qui ornent la clef de voûte, placent la date de cette construction postérieurement à 1471, et la date de 1489 marque l'achèvement du portail 1). L'étage inférieur de la tour appartient encore au XIV siècle. Quant à l'étage supérieur, la date de sa construction et de son achèvement nous est donnée d'une manière certaine par un document trouvé dans la boule terminale 2). Ce document annonce que l'exhaussement de la tour d'un étage est du com-

1) Robert de Bavière, évêque de Strasbourg, vint à Soultz en 1480, d'après BEELER, Chronique, fol. 187b.

2) Voy. sa traduction Revue d'Alsace, 1886, p. 120.

mencement du XVIIe siècle et que la pose de l'étoile et de la lune a eu lieu le jeudi-saint 31 mars 1611. La galerie supérieure fut posée en 1610, d'après l'inscription qu'on y lit et qui nous donne le nom de l'artiste qui exécuta ce travail. Il porte un nom français et probablement bourguignon. Le document nomme les directeurs de l'œuvre : le bailli Guillaume Pierre de Landsperg, le prévôt Théobald Wendt, le greffier Pierre Schlitzweck et Florian Riedin, conseiller, *alle vier Baumeister dis Werks.* Un acte donné par Trouillat [1]), daté du 22 avril 1343, nous donne peut-être les noms des constructeurs du transept et de la partie de la nef qui appartient au XIVe siècle. Ce sont deux personnages qui figurent dans cet acte comme témoins : maître Nicolas, tailleur de pierres, et Cruxhus, maître de l'œuvre à Soultz. M. Gérard n'a pas hésité à donner à ce dernier le titre d'architecte de l'église Saint-Maurice, et il en fait un élève de l'école d'Erwin de l'œuvre Notre-Dame de Strasbourg. Cette hypothèse trouverait une base dans les nombreuses marques de tailleur de pierres que l'on voit sur les piliers de cette partie de l'édifice. On sait que ces marques ont été adoptées par les membres de la loge des maçons de Strasbourg. Les quatre piliers du chœur ne portent avec ceux du fond qu'une demi-croix de Malte et ceux de l'entrée une croix de Malte entière sur chacun. Les piliers de la nef au contraire, portent : la paire qui touche au transept, et le suivant du côté nord, jusqu'à treize marques différentes sur le même, parmi lesquelles cependant se retrouve la croix de Malte. Le pilier sud de la deuxième paire n'a que 4 marques, le pilier nord de la troisième paire n'en a aucune, tandis que celui du sud en porte 7. La quatrième paire qui est du XVe siècle, en porte l'un 6 et l'autre 11; enfin cinq marques se voient encore sur le grand portail. L'usage de ces

---

1) III, p. 308.

marques s'est perpétué longtemps, puisque les deux colonnes qui supportent la tribune et qui sont du XVIIIe siècle, portent chacune également une marque de tailleur de pierres, même plus compliquée que les plus anciennes. Je ferai remarquer que les croix que l'on voit sur les piliers du chœur et sur les premiers de la nef sont peut-être des croix de consécration.

On a cru posséder le procès-verbal de cette consécration. M. Gérard a été trompé par la glose que Trouillat a mise en tête d'un acte du 16 octobre 1346 qu'il a publié [1]. M. Krauss a reproduit cette erreur et il est étonnant qu'il ne s'en soit pas aperçu, car il a donné le texte même : *Chorum et altare summum in capella de Sultz, ordinis Cisterciensium, in honore beate-Marie virginis.* Une église paroissiale n'est pas une chapelle et n'a jamais appartenu à un ordre régulier ; de plus, l'église de Soultz est consacrée à saint Maurice et non pas à la Vierge. Cependant saint Maurice figure à côté de la Vierge comme patron du maitre-autel en question ; de plus quatre autres autels sont consacrés l'un à saint Jacques et aux apôtres, un autre à la sainte Croix et aux saints martyrs, un troisième à saint Martin et aux saints confesseurs, le quatrième à sainte Catherine et aux saintes vierges. Il a existé dans l'église de Soultz des autels consacrés à ces saints et saintes excepté à saint Martin. Néanmoins nous ne croyons pas à une erreur dans l'acte lui-même, d'autant plus qu'il a bien existé à Soultz une chapelle appartenant aux Cisterciens du Lieu Croissant et consacrée à la sainte Vierge.

La consécration de l'église de Soultz a toutefois dû avoir lieu vers cette époque, mais antérieurement à 1340, où il existait déjà un autel de la sainte Croix dans l'église.

[1] III, p. 586.

En effet, nous avons l'acte par lequel l'évêque de Bâle Jean Sehn autorise le chevalier Berthold Waldner à ériger et doter pour le remède de son âme et l'augmentation du culte dans l'église paroissiale de Soultz, un autel *in pariete et per parietem ante altare Sanctæ Crucis*, pour y célébrer une messe quotidienne et perpétuelle. Le fondateur se réservait pour lui et ses héritiers masculins le droit de nomination à cette prébende ou, à leur défaut et sans préjudice du droit ultérieur de ceux-ci, la présentation d'un chapelain à cette prébende pouvait être faite par le recteur alors existant de l'église paroissiale de Soultz. Le chapelain ne pouvait garder aucune oblation pour lui, parce qu'elles appartenaient toutes à la paroisse, et il ne devait rien faire qui portât préjudice aux droits de cette paroisse ; de plus il devait prêter son concours autant que possible au recteur pour les cérémonies du culte. Et pour l'entretien de cette prébende, le chevalier Berthold faisait don des biens suivants : une maison sise à Soultz à côté du pont qui mène au château et contiguë à la maison du seigneur Pierre de Bollviller ; la partie antérieure de cette maison devait servir d'habitation au chapelain, et la partie postérieure devait être louée pour la somme d'environ 4 livres deniers annuellement, sur laquelle toutefois devait être payée la rente annuelle de 9 sous qui est due sur cette maison à l'hôpital de Soultz. Item une rente annuelle d'une demi-charrette de vin blanc récolté dans une vigne de 12 schatz appelée Nunnenburgergarte, sise au lieu dit in dem Rode, ban de Soultz ; item une rente annuelle de 11 quartauts moitié seigle et moitié orge, des champs situés au même ban que cultive un nommé Bruchseckel pour cette dite cense. Item 2 schatz de vigne situés au ban de Soultz in Terubelberge et qui appartenaient à un nommé Zibolle. Item la rente annuelle d'une livre denier assise sur les biens du nommé Kunig de Hartmansviller. Cette fondation a été faite du consentement de Berthold, évêque de Strasbourg, et de

Jean Erlun, recteur de l'église de Soultz. Elle est datée du 7 mars 1340. Il s'agit vraisemblablement ici non seulement de la fondation d'un autel, mais encore de la chapelle latérale sud qui a servi de sépulture à la famille Waldner dont les armes se voient à la clef de voûte. Elle était consacrée à saint Jean l'évangéliste d'après le *Liber marcarum*, à saint Jean-Baptiste d'après d'autres documents plus récents.

Les termes de l'acte *(per parietem)* font voir que la construction de cette chapelle a eu lieu postérieurement à cette partie de l'église. C'est du reste ce qui ressort de l'examen de la construction elle-même. Il en résulte ainsi que nous le disions précédemment, que le chœur, le transept et la première travée de la nef tout au moins étaient construits avant 1340. Mais l'église était encore en construction sans doute pour l'achèvement de la deuxième travée et du premier étage de la tour, puisque Cruxhus, l'architecte de cette partie est cité en 1343.

La chapelle latérale nord, consacrée jusqu'à ces dernières années à sainte Marie-Madeleine, aurait été fondée, d'après Berler, par Marckward de Schönenberg, bailli de Soultz, le dernier de sa race, et qui, étant mort en 1490, aurait été enseveli *su Sults in die pfarkyrchen fur synen gestifften altar in sanct Marie Magdalena capellen.* L'écusson qui orne la clef de voûte s'est trouvé complètement effacé, on y a peint les armes de Mgr. Stumpf, évêque de Strasbourg, au moment de la récente restauration.

Dès avant l'année 1394, une chapellenie de sainte Marie Madeleine avait été érigée dans l'église de Soultz, car le pouillé de cette époque, cité plus haut, mentionne le chapelain de cette prébende. Elle est rappelée en 1414 par un acte où Peter Herweg et son épouse Eylse et Heinrich Stolle avec Grede, son épouse, bourgeois de Soultz, vendent à Conrat von Nuttingen, chapelain de l'autel de sainte Marie Madeleine au nom de ladite prébende, une rente d'un florin d'or assise sur différents biens et achetés pour la somme de 10 florins [1]).

De plus, dans une constitution de rente du lundi veille de saint Ottmar 1467, nous trouvons rappel de rente en faveur de la prébende de maître Jean Henelin de l'autel de sainte Marie Madeleine dans l'église paroissiale.

Il y a donc une erreur de Berler, à moins que celui-ci ait voulu parler d'un autre autel érigé dans la même chapelle.

Il y avait, en effet, dans l'église paroissiale de Soultz, en outre des deux prébendes de Waldner et de sainte Madeleine, plusieurs autres autels prébendés.

Dans un acte du 29 janvier 1347, il est fait mention du chapelain de l'autel de sainte Catherine dans l'église de Soultz. Il se nommait alors Pierre de Saint-Ursanne [2]).

Dans un autre acte du 30 avril 1355 nous trouvons cité le chapelain de l'autel de saint Michel.

Le pouillé de 1394 donne la liste suivante des prébendes existant alors. L'ordre suivi est peut-être celui de leur ancienneté : le chapelain de la sainte Croix, de saint Michel, du prévôt, de sainte Marie-Madeleine, dé sainte Catherine, du Corps du Christ, de saint Jacques, du sire de Waldner.

Le *Liber marcarum* de 1441 ajoute à ces prébendes celle de sainte Marie, et une autre qualifiée *Corporis Christi de nouo.* La prébende de la sainte Croix est indiquée comme la même que celle de la messe de l'aurore, celle du prévôt est désignée *Sculteti Trium Regum,* et celle de Waldner, sous le vocable de saint Jean l'évangéliste.

Un jugement d'acceptation du testament de feu Caspar Sachs, ancien greffier de Soultz, et de son fils

1) Arch. de Soultz.
2) Trouillat, III, p. 843.

Jean, chapelain de la prébende de la Vierge à l'église paroissiale, fait don à ladite prébende d'une maison destinée à loger le prébendier à condition de chanter chaque année, le mardi après la fête de saint Martin, une messe avec vigile. Cet acte est daté du 3 octobre 1474 [1]).

De nombreuses constitutions de rente ont été faites en faveur de la fondation de la messe de l'aurore de 1494 à 1601 [2]).

Un papier sans date, mais présumé de la première moitié du XVII⁰ siècle, porte une distribution à faire de la rente de 15 florins dépendante *de l'autel fondé par la demoiselle Agnès Hindin de Kentzingen, récemment*, est-il dit [3]). Cette rente, provenant d'un capital de 300 florins, était estimée à 18 livres 5 sols. On devait donner 10 livres au chapelain qui célébrait chaque semaine une messe sur cet autel, à raison de 4 sols par messe, et si le chapelain manquait une célébration, l'argent en devait être distribué aux pauvres. Le reste, soit 8 livres 15 sols, était destiné aux frais d'anniversaires, ou distribué en aumône de la manière suivante :

Au curé pour célébrer l'anniversaire et l'annoncer en chaire 13 sols. A deux chapelains qui le servent chacun 5 sols, soit 10 sols ;

Au maître d'école 3 sols 4 deniers ;

Aux écoliers 3 sols 4 deniers ;

Au bedeau qui devra, le jour de cet anniversaire, placer un drap sur la tombe de ladite demoiselle et deux cierges allumés : 3 sols 4 deniers ;

Pour le luminaire 1 livre 15 sols ;

Au marguillier pour faire la distribution et sa peine 10 sols ;

1) Arch. de Soultz.
2) Arch. de Soultz.
3) Il y avait, en 1665, dans l'église paroissiale un autel dédié à saint Sébastien, et comme il ne figure pas parmi ceux du pouillé, on peut supposer que c'est celui qui fut fondé par cette demoiselle.

A distribuer en aumônes aux pauvres gens 4 livres 15 sols [1]).

La fondation de cet autel portait à douze le nombre des autels érigés dans l'église de Soultz A part le maitre-autel, ils étaient placés dans le transept, les chapelles latérales et la nef.

Il semble qu'il y avait primitivement un chapelain pour chacune de ces prébendes, mais comme les revenus qui y étaient attachés diminuaient de valeur avec celle de l'argent, ils ne suffirent plus à l'entretien de tous ces prêtres, et dès le commencement du XVIIe siècle, la plupart d'entre elles, du moins, furent réunies entre les mains d'un seul chapelain, car à partir de 1620 nous voyons des constitutions de rente en faveur *de la chapelnie*, sans autre désignation. Cependant la prébende de la chapelle des Waldner resta toujours distincte et à la collature de cette famille noble.

Le 4 juin 1777, l'évêque de Bâle autorisa le magistrat de Soultz à faire diverses réparations dans l'église et à réduire le nombre des autels de 12 à 7. En sorte que les petites fondations de sainte Madeleine, de sainte Catherine, de saint Michel, de saint Jacques et de la sainte Croix furent réunies sur l'autel de sainte Madeleine qui porta désormais l'image de tous ces saints. Les 7 autels qui restaient étaient donc le maitre-autel, celui du prévôt des 3 Rois, de sainte Marie Madeleine, du Corps du Christ de novo, de la demoiselle de Kentzingen, des Waldner et de sainte Marie. Quatre étaient placés, par deux, dans chacun des bras du transept, celui de sainte Madeleine et celui des Waldner, chacun dans sa chapelle. La boule placée à la pointe du clocher contient dans une boite en métal des documents de différentes époques que M. Knoll a copiés et qui ont été publiés dans la *Revue d'Alsace*. Le plus ancien que nous avons déjà cité est le procès-verbal de l'achève-

---

1) Arch. de Soultz.

ment de la tour en 1611. En 1610, on avait placé une horloge dans la tour. C'est du moins la date que portait l'ancien cadran, longtemps suspendu dans l'intérieur de l'église.

Le second document annonce qu'en 1628 une tempête arracha la barre de fer aussi grosse qu'un bras, qui soutenait le soleil et la lune et les fit tomber dans la cour du presbytère qui était alors la maison Bint, au chevet de l'église. Le 27 octobre 1639, date du procès-verbal, la ville répara le bouton en cuivre doré, et le fit surmonter d'une croix en fer avec une étoile et la lune dorées, dans laquelle on plaça une petite croix en pierreries et quelques autres objets de piété. Le troisième document rappelle qu'en 1738 on répara la toiture de l'église et que l'on redressa la croix ébranlée par les intempéries ; le bouton, l'étoile et la lune furent refaits en cuivre doré au feu ; on les replaça le 27 octobre avec les objets qu'ils contenaient précédemment après que le bouton eut été béni solennellement par le curé Christophe Rieden. Cette dorure coûta 400 livres tournois, dont la moitié fut recueillie par le curé et le chapelain Schmitt parmi les fidèles paroissiens. Le quatrième document atteste que le 20 octobre 1738, le bouton, l'étoile et la lune ont été fabriqués en cuivre par Tobie Beltz, qu'ils pèsent ensemble 50 livres qui ont été payées à raison de 36 sols la livre, soit 90 livres monnaie. Le bouton a été doré au feu par M. Klein de Neuf-Brisach, pour 400 livres, avec l'aide d'Ignace Aulen, tonnelier et bourgeois de Soultz.

En 1720 on reconstruisit le maître-autel et les fenêtres du chœur. Les orgues ont été construites en trois ans par Jean Daniel et Jean André Silbermann de Strasbourg, suivant accord conclu le 23 octobre 1741. Elles sont à trois claviers à mains et un clavier de pédales et se composent de 1838 tuyaux. Le facteur s'est engagé à fournir tout le nécessaire, ainsi que le buffet en chêne et les deux anges ; le matériel devait être chargé par les soins de la ville au Ladhof de Colmar,.

le tout moyennant 7200 livres tournois et 6 mesures
de vin.

Les recettes produites par la vente des bois de la
vieille tribune, ainsi que par celle des coupes faites
dans la forêt et affectées à la construction des orgues,
s'élèvent à 10.530 livres, 10 sols, 3 deniers, et les
dépenses totales à 7673 livres, 18 sols, 8 deniers. La
charpente et la menuiserie de la tribune ont été exé-
cutées par Maurice Muller; les deux colonnes en pierre
qui les soutiennent ont été fournies par Joseph Hodel.
La grille ou balustrade a été faite par Frantz Kayser
pour 60 livres [1]).

Il est fait mention dans les registres paroissiaux à
la date de 1657, d'un nouveau baptistère. Le premier
enfant qui y fut baptisé en grande solennité le 31 janvier était Jodocus Reinold, fils de noble Jean Conrad
de Bodeck et de noble dame Hélène de Molina, ita-
lienne. Les parrains furent le très noble et très puissant
Jodocus Hopffener de Breutt, conseiller intime de l'ar-
chiduc Léopold d'Autriche et pour lors commissaire
du général-lieutenant Reinold de Rosen de Bollwiller,
l'autre parrain fut M. Henri Braun. Les marraines demoi-
selles Marguerite de Rose d'Isenheim et Renabel de
Rosen de Bollwiller, cette dernière remplacée par Anne
Judith de Landenberg.

En 1777, l'église fut réparée extérieurement, le sol
de la nef fut rehaussé pour en ôter l'humidité, et recou-
vert de dalles, ainsi que celui du chœur. Ne serait-ce
pas dans cette restauration que disparut le monument
de Berthold de Waldner. C'est probablement dans la
chapelle des Waldner que se voyait autrefois le tombeau du fondateur. Il a été représenté dans l'*Alsace
illustrée* de Schœpflin (grav. de P. J. Lutterbourg, 1753)
et reproduit encore dans la traduction Ravenez. Le

1) Arch. de Soultz.

chevalier y est désigné par Schœpflin avec le titre
d'*eques d'auratus*. Son tombeau le représentait armé de
toute pièce, le corps enveloppé d'une cotte de maille,
la tête couverte du bassinet et reposant sur un casque,
orné d'une tête couronnée, comme cimier, et d'un voile
flottant, les genoux protégés par des genouillères. La
cotte de maille était recouverte d'une tunique fendue,
sur laquelle une dague pend à une chaine mise en
sautoir. Les pieds reposent l'un sur un lion, l'autre sur
un chien ; à gauche du chevalier était son épée avec
le ceinturon et les gantelets ; à droite deux écussons, l'un
aux armes de Waldner, l'autre avec un chef et un pal.
L'inscription en lettres gothiques du XIVe siècle portait :
† ANO. DNI. MCCC ‖ XLIII. II. NON. AVGSTI.
B'h'TO W ‖ ALD ‖ MILITIS [1]). Le lion était couché sur
une montagne et le chien sur une sorte de piédestal
hexagonal renversé. C'étaient sans doute les symboles
des ennemis vaincus par le chevalier. Il était grand-bailli
du Haut-Mundat [2]). Grandidier cite encore dans cette
chapelle la tombe d'Ursule, comtesse de Nellenburg,
épouse de Conrad de Waldner, morte en 1390, et le
mausolée en marbre de Madame de Waldner, morte
en 1764.

C'est évidemment après 1753 qu'a disparu le remarquable et beau monument représenté par Schœpflin.
Grandidier parait l'avoir encore vu, Madame d'Oberkirch également, en 1783, où elle en parle dans ses
Mémoires (mais on sait que ces mémoires sont en partie
apocryphes). D'après Grandidier, « la tombe de Berthold
de Waldner fut ouverte en 1767 (ou plutôt en 1777,
ce qui confirmerait notre hypothèse sur la disparition
de cet intéressant monument. En 1767, Grandidier
n'avrait eu que 15 ans), et on y trouva l'os de la jambe
droite ... Nous avons vu, dit-il, cet os dans la sacristie

---

1) Militis est peut-être une mauvaise lecture, car on ne comprend
pas bien ce génitif.
2) WALTER, *Alsatia superior sepulta.* Guebwiller, Boltze, 1904, p. 52.

de l'église de Soultz, ainsi que l'occiput de son crâne et deux autres parties du même qu'on nomme os bregmatis » [1]. A notre tour nous avons vu ces mêmes ossements, en 1879, dans les archives de la famille de Waldner.

Louise Françoise, Heuse de Vologer, épouse de Dagobert de Waldner, « est décédée en son château d'Ollviller le 21 août 1764, et a été inhumée à Soultz dans la chapelle fondée par la maison de Waldner, le 24 » [2].

On a retrouvé dans cette chapelle et redressé contre le mur une dalle funéraire, qui mesure 2^m11 × 0^m81, sur laquelle se voient les armes de Waldner et de Vologer et au-dessous l'inscription suivante :

Hir ruhet | in cott | die wehland hochgebohrne gravin | Frau LVDOVICA FRANCISCA | gebohrne DE VOLOGER gne gemahlin | des hoch geboren grafen und herrn | Christian friderich Dagobert | graven V. Waldner v. freindstein | GENERALLIEVTENANT der königliche Armee | Com^{ter} und grosscreutz one | des ordens DV MERITE MILITAIRE | obrist uber ein schwutzerregiment | herrn in Ollweyler biesheim | und anderer orten | welche den 21ten Augusti 1764 | in seinem schloss Ollveyller | in dem 73ten Jahr ihres alters | in dem herrn entsschlaffen | und eine fröhliche auferstehung erwartet [3].

Quant au mausolée en marbre dont parle Grandidier et dont le dessin se trouve dans les archives de la famille de Waldner, a-t-il jamais existé autrement qu'en projet ?

La délibération suivante de la municipalité révolutionnaire en date du 5 février 1792, ne nous apporte guère d'éclaircissement : « Sur la demande du S. Lacher

---

1) GRANDIDIER, *Hist. d'Als.*, I, p. 33, n.te 4. Strasbourg, 1787.
2). Acte de décès, Reg. par. de Soultz.
3) *Als. ill.*, 477.

il est décidé que l'autel de la chapelle de Waldner sera remis à son ancienne place et que pour cela l'épitaphe de feu madame de Waldner soit déplacée, mais sur les réquisitions du procureur Schelbaum, elle s'oppose à ce que ledit épitaphe soit enlevé de l'église, et que les travaux soient mis au compte de la commune ».

La simple dalle que nous connaissons n'avait pas besoin d'être déplacée pour que l'on puisse poser un autel, à moins que l'on n'ait pas voulu la recouvrir. La tombe de la comtesse Ursule de Nellenburg a été déplacée ; c'est une simple dalle aussi qui se trouve actuellement dans l'angle sud-est du transept. L'inscription alentour est très effacée. Nous avons pu lire encore en caractères gothiques du XIVe siècle : † HIE LIGT (FROW) II . . . . GREVIN VON NE | LLENBVRG II . . . . . II . . . . (CCC)LXXXX II). Sur le champ de la pierre est un simple écusson chargé d'un sautoir et d'une rose en chef. Deux plaques commémoratives ont été placées dans la chapelle des Waldner pour rappeler les sépultures de Berthold et d'Ursule de Nellenburg. Lorsqu'on a levé le dallage de cette chapelle lors de récentes réparations, on a trouvé une grande épée de fer toute rouillée qui a été remise à la famille de Waldner.

On remarque encore dans l'église de Soultz, les pierres tombales suivantes :

Dans le bras sud du transept la dalle funéraire de Gabriel Hilleson, grand-bailli de Guebwiller, décédé le 18 août 1618 [2]). Dans le bras nord, une épitaphe rappelle la sépulture de dame Catherine Sitter, veuve de Henri d'Anthès, décédée le 16 mars 1751, et de son fils Conrad Alexandre d'Anthès, décédé le 10 septembre 1726, à l'âge de 17 ans [3]).

---

1) *Alsat. sep*, 71.
2) Ib., 232.
3) Ib., 435. La date du 21 mars est une erreur.

A côté se voit l'épitaphe de Jean-Philippe d'Anthès, décédé le 21 décembre 1760, à l'âge de 61 ans 5 mois[1]. Elle est surmontée des armes des d'Anthès : un écusson chargé de trois épées liées.

Dans le bras sud se trouvent encore l'épitaphe de François Joseph Immelin, bailli de Soultz et de Bollwiller, décédé le 22 mai 1778 à 68 ans[2], surmontée de ses armes consistant en un écusson traversé d'une bande chargée de 3 abeilles. A côté se voit l'épitaphe d'Elisabeth Meyer, veuve d'Antoine Bach, prévôt de Soultz, décédée le 10 avril 1779 à l'âge de 90 ans[3].

Au-dessus de l'inscription sont les armes des Bach et des Meyer accolées ; Bach porte une croix cramponnée et Meyer trois monts avec deux branches de muguets issant de celui du milieu.

D'autres personnages étaient encore ensevelis dans l'église, mais les monuments qui recouvraient leurs cendres ont disparu. On les retrouverait peut-être sous le dallage de l'église.

Les registres paroissiaux font mention des sépultures suivantes *in templo parochiali* :

D. Jean Lambelet de l'ordre de saint Benoit, prieur de Thierenbach, enseveli le 22 mars 1664.

Marie Françoise Kämpffin d'Angröth, ensevelie le 25 mai 1670.

Anne Marguerite Kämpffin d'Angröth, née de Ridiesheim dans le bas-palatinat de Landenburg, ensevelie le 29 mars 1673.

François Adam Wormbser de Fändtenheimb, ancien capitaine dans l'armée française, enseveli le 15 mai 1673.

La veuve Sara de Reinenburg, ensevelie le 24 décembre 1674.

---

1) *Als. sep.*, 466.
2) Ib., 511.
3) Ib., 513. Il faut ajouter après la date du décès la ligne *ætatis suæ* 90.

Jean Caspar Kempf d'Angröth, grand-bailli de Soultz, enseveli le 12 février 1673.

Jacques Henri de Breitenlandenberg, jeune homme de Soultz, enseveli le 23 février 1673.

Jean Christophe de Breitenlandenberg, jeune homme décédé à Thann, enseveli le 6 avril 1673.

Claire Anne Marie de Kaggeneck, ensevelie le 15 avril 1673.

Marie Louise de Valbois Dumays, épouse du marquis de Vaubécourt et de Choiseul, maréchal-de-camp, décédée au château d'Ollwiller le 12 juillet 1774 et ensevelie le jour suivant dans l'église, à côté de la chapelle de Waldner [1].

M. de Mullenheim-Rechberg prétend avoir vu dans l'église de Soultz la tombe d'un noble de Mullenheim, avec armoiries et épitaphe illisible [2].

Berler cite avec la sépulture de Marquard de Schönenberg dans la chapelle de Sainte-Madeleine, décédé en 1490 le dernier de sa race [3], celle de Pierre de Pfaffenheim, qui fut enseveli le 2 des calendes de mai 1308, et de Albert de Reguisheim, décédé en 1528, le dernier de sa race aussi et enseveli dans la chapelle latérale [4].

Nous avons encore trouvé parmi les pièces du procès de Waldner, aux archives de Soultz, mention de l'épitaphe de Michel Pfaffenlapp de Still, bailli de Soultz, décédé le 10 décembre 1592 à l'âge de 56 ans [5].

Le curé de Soultz, d'après Berler, avait le droit de porter un camail (Chorcapp), orné d'un cordonnet de soie rouge ou verte, en vertu d'une bulle du pape Félix donnée au concile de Bâle. Il était assisté d'un vicaire dès le XIII⁺ siècle.

---

1) Reg. par.
2) *Bull. sec. mon. hist.,* deuxième série, XI, p. 177.
3) Fol. 196 a.
4) BERLER, fol. 375 ; *Als. sep.,* 74.
5) *Revue d'Alsace,* 1900, p. 208 ; *Als. sep.,* 204.

L'un de ces recteurs, toujours d'après Berler, Herman de Diersteim, avait doté le rectoral de Soultz d'un beau domaine de champs, prés, etc.

Les revenus paroissiaux étaient administrés, nous l'avons dit, par un des conseillers du magistrat qui portait le titre de Kirchmeyer ou marguillier; un bedeau, dont nous avons aussi défini les attributions, complétait le personnel attaché à l'église.

La dotation de la paroisse et de la cure de Soultz était certainement fort belle. Il s'y ajoutait le revenu de nombreuses fondations d'anniversaires et d'autres institutions pieuses, comme la célébration du *Miserere* pendant le carême, la sonnerie de la grosse cloche les jeudi soir en mémoire de la Passion, usage qui existe encore, la fondation de Schauenbourg, etc., dont le total s'élevait en 1725 à 112 livres 14 sols.

La ville payait au vicaire en 1700 la somme de 11 livres 10 sols.

En 1770, la paroisse était exemptée d'impôt sur 540 livres 10 sols tournois de rente foncière, 5 mesures 16 litres de vin, 14 pots d'huile, 4 setiers de farine, et le curé sur 18 livres 8 sols de revenu et sur 4 schatz de vignes. La paroisse percevait en différentes dimes 579 livres en 1789.

Nous manquons d'autres documents pour établir les revenus de la fabrique paroissiale. A la réorganisation du culte la municipalité estimait, le 5 avril 1803, que les revenus que possédait la fabrique avant la Révolution, se montaient à 1100 livres, chiffre un peu inférieur au total des rentes estimées ci-dessus.

Les biens de la cure de Soultz ont été estimés, en 1790, de la façon suivante :

La dime en vin, d'environ 600 mesures . 3000 liv.

La dime en grains de différentes espèces, 50 sacs. . . . . 500 liv.

La dime en foin, 200 quintaux . . . 300 liv.

La dîme en chanvre, 30 livres. . . . 30 liv.

La dîme en navette, 4 boisseaux. . . 24 liv.

Un corps de biens, situé dans le ban de Meyenheim, affermé à raison de 12 sacs de grains de trois espèces.

Un autre corps de biens situé dans le ban de Merxheim, possédé par bail emphytéotique, par Jean Holder dudit lieu, rapportait par an 2 sacs de seigle.

La colligente tant en argent qu'en poules pouvant rapporter 26 livres.

La colligente rapportant en vin 22 mesures.

La fabrique payait pour anniversaires 220 livres.

Le curé retirait en outre de l'hôpital, en seigle 5 sacs, et en avoine 5 sacs.

La fondation du *Miserere, Salve*, et la présence rapportait 12 livres, 13 sols, 6 deniers.

Les biens fonds de la cure consistaient en une maison, petit jardin, grange, écuries, hangard et cour, le tout d'un demi-arpent, plus 3 schatz de vigne au Finkenmatt [1]).

Par contre, la cure supportait les charges suivantes [2]) :

Au curé de Wuenheim. . . . 700 livres.

La charge d'un vicaire. . . . 600 livres.

Impositions . . . . 260 liv. 6 s. 9 d.

Au chapelain . . . . 4 sacs de seigle.

Rente foncière au chapitre rural sur 3 schatz de vignes. . . 4 livres.

Les différentes prébendes réunies entre les mains d'un seul chapelain en 1789, possédaient les revenus suivants :

---

1) Le jardin communal donné actuellement en jouissance au curé et qui est situé entre l'hôpital et l'ancienne léproserie, était une dépendance de cette dernière, d'où il passa entre les mains du curé Bint, puis fut cédé le 26 févr. 1784, à la ville de Soultz. (A. S.).

2) Déclaration du curé Wilhelm du 10 avril 1790.

Seigle . . . . 5 sacs 3 1/2.
Méteil . . . . 4 sacs.
Orge. . . . . 3 sacs.
Avoine . . . . 2 sacs·
Vin de 12 particuliers. . 7 mesures.
Poules 2

En fondations d'anniversaires perpétuels : 78 livres, 12 sols, 11 deniers.

En rente de 96 particuliers : 89 livres, 13 sols, 4 deniers.

En anniversaires de la confrérie de saint Sébastien : 134 livres, 16 sols, 6 deniers.

La chapelnie possédait encore une maison avec un petit jardin contigu, plus deux autres petits jardins.

Le revenu total était estimé 740 livres. Par contre le chapelain était obligé avec les autres prêtres d'assister aux vêpres, de dire, toutes les fêtes et dimanches, la première messe, plus annuellement 8 grand'messes et 153 basses-messes ; enfin pour chaque membre de la confrérie, le jour suivant sa mort, une messe.

Le prébendier devait aussi annuellement 12 livres, comme salaire, au collecteur des rentes.

Quant au chapelain de Waldner, ses revenus consistaient à la même époque en 1/4 de dime aux cantons Orschwillerberg, Hasfeld et prairie Saint-Georges. Il possédait en outre une prairie dite Ruetschmatt, laquelle censait à la commanderie de Saint-Jean à Soultz 4 schillings et une poule. Enfin la ville de Soultz lui payait une rente foncière de 16 livres, 13 sols, 6 deniers. Le tout était estimé à 1909 livres, 6 sols, 8 deniers.

Le presbytère appartenait à l'évêque de Strasbourg, comme collateur, d'après l'urbaire de 1578. Il était situé sur le cimetière, mais depuis quelques années, le curé ayant une maison à lui, n'y habitait pas. Ce presbytère fut du reste incendié, pendant la guerre de Trente-Ans, et l'évêque de Bâle dut écrire, le 29 novembre 1658, à l'évêché de Strasbourg, pour lui exposer que depuis 23 ans cette maison était restée dans cet état et que les curés étaient forcés de se loger ailleurs à leurs frais ; il insista pour que l'évêché de Strasbourg, à qui incombait les réparations comme collateur de la cure, veuille bien les ordonner. L'évêque de Bâle qui s'était adressé à la chancellerie de l'évêché de Strasbourg à Saverne, dut revenir à la charge et écrivit, le 14 février 1660, directement à l'évêque de Strasbourg qui lui répondit de Vienne, le 14 avril suivant, qu'il allait donner des ordres pour qu'il soit pourvu d'urgence à la reconstruction du presbytère [1].

Nous ignorons si cette reconstruction fut faite sur l'emplacement de l'ancien presbytère ; mais la maison qui servit désormais de demeure curiale jusqu'à la Révolution, était située derrière le chevet de l'église. Elle existe toujours et appartenait récemment encore à la famille Bint, descendante collatérale du dernier curé. C'est bien une construction du XVIIe siècle. Le presbytère actuel est du XVIe siècle ; c'est une ancienne habitation noble avec viorbe, probablement la cour de Mullenheim. Elle se trouve dans la rue Saint-Sébastien, non loin du grand portail de l'église.

En 1544, les bourgeois de Soultz eurent un différend avec le curé Wolf Pauler. L'évêque de Strasbourg, Erasme de Limbourg, ayant demandé des explications sur les plaintes du curé, au prévôt et au conseil de Soultz, ceux-ci répondirent qu'ils avaient cité le curé par devant le conseil et l'avaient interrogé article par article :

1° Sur ce qu'il avait dit que des personnes ayant fait six foudres de vin n'avaient pas livré plus de trois cuves *(bittich)* de dîme au lieu de douze qu'elles devaient, le curé répondit qu'il avait entendu dire cela, mais qu'il ne se rappelait plus par qui, un soir à Hartmanswiller. Le magistrat s'engageait alors à faire condamner à l'amende de 20 florins quiconque serait convaincu de n'avoir pas livré la dîme qu'il devait.

[1] Arch. de Soultz.

2° Le curé s'étant plaint qu'il avait eu de grands frais pour faire rentrer les dimes, le magistrat réplique que les décimateurs communs avaient coutume de nommer les dimiers *(zehendtknecht)*, chargés de la recueillir et leur faisaient prêter serment. Naturellement il fallait payer ces dimiers, car ils ne voulaient pas faire ce travail pour rien; au reste le curé était libre de chercher qui veuille le servir gratis.

3° Il s'était plaint qu'on ne lui payait pas les offrandes des Quatre-Temps, et qu'il n'avait reçu à la Pentecôte dernière que 18 batz, quoiqu'il ait eu 9 communiants. Le magistrat ayant interrogé différentes personnes, tout le monde était unanime à dire qu'il n'y avait que 6 communiants. De plus la communauté tout entière se présentait fidèlement avec son offrande. Quant aux étrangers qui venaient en grand nombre chaque année pour travailler à la journée, on ne pouvait les forcer à payer l'offrande.

4° Il s'était plaint d'être obligé chaque Quatre-Temps de donner un repas aux prêtres et à quelques conseillers. Or il était obligé de donner le déjeuner *(Morgenimbiss)* aux chapelains, aux prêtres et au maitre-d'école qui l'avaient assisté à la messe, et ceci non seulement aux Quatre-Temps, mais à toutes les grandes fêtes. Quant aux conseillers, aucun n'avait jamais demandé à assister à ce repas; s'il en avait invité quelques-uns, c'était toujours de son plein gré, et du reste ils lui avaient rendu ce repas.

Les bourgeois des deux tribus devaient à chaque Quatre-Temps une bouteille de vin et pas des plus petites, c'était une charge onéreuse pour les pauvres bourgeois, et aucun curé ne l'avait exigé avant lui. Tout au plus aux Quatre-Temps invitaient-ils, du haut de la chaire, à lui en apporter, sans en faire d'obligation.

5° Le curé se plaignait du peu de rendement des *accidentalia* et des *offertoria*, le magistrat ne pouvait forcer personne de la communauté à donner à l'offertoire quotidien.

Le curé devait aussi donner au chapelain de la prébende de saint Jean-Baptiste, à la Saint-Simon et Jude, 8 florins, 1 foudre de vin et 21 rézeaux de seigle. C'était un juste salaire pour la charge remplie avec zèle par ce chapelain. Du reste cette question était à débattre avec lui sans immixtion du magistrat. Ce dernier n'avait pas non plus à s'occuper de ce que le curé devait donner à l'évêque de Bâle *pro prämis, beneficiis et sigillo.*

Le curé se plaignait encore d'être obligé de donner annuellement 15 florins à Jean Eischbach; le magistrat n'avait pas à s'en occuper, car le curé avait accepté la cure avec toutes ses charges, et aucun curé ne s'en était plaint avant lui.

Il s'était plaint aussi que maitre Jean Eischbach aurait laissé le presbytère et différents biens de la cure dans un état déplorable, c'était une chose dont le magistrat n'était pas responsable, n'ayant pas à s'occuper du ménage du curé.

Le magistrat termina en espérant que Mgr. l'évêque voudrait bien prendre ces explications en considération et le décharger des plaintes formulées contre lui. Du reste il s'engageait à payer régulièrement ce qui était dû au curé comme les dimes et les offrandes des Quatre-Temps, mais qu'en retour celui-ci devait exercer son ministère avec zèle et chrétiennement, au lieu de chercher querelle à ses ouailles [1].

Comme on sent bien dans tout cela l'esprit du siècle, l'esprit du Protestantisme! D'un côté un prêtre imbu de toute l'autorité que peut donner un caractère sacré, cependant attaché aux biens de la terre, tracassier et avare, d'autre part un corps de magistrats, issu d'une jeune bourgeoisie, sentant en lui une force aussi, un

[1] Coll. Knoll.

esprit d'indépendance, donnant volontiers une leçon à son curé, légèrement gouailleur au besoin. Il s'en est peut-être tenu à un fil que la bourgeoisie de Soultz, imitant celles des grandes villes de la province, n'ait mis le curé à la porte et n'ait embrassé la Réforme.

Tout se calma cependant, grâce évidemment à la bonne politique de l'évêché de Strasbourg. D'autres soucis réclamèrent la sollicitude et l'activité du magistrat.

Il fallait rétablir l'ordre dans l'administration publique, veiller au triste fléau de la sorcellerie, lutter contre les épidémies qui sévirent à la fin du siècle et au commencement du suivant et que suivirent les horreurs de la terrible guerre de Trente-Ans.

Au moment où la guerre atteignit Soultz, le curé était un enfant de Guebwiller, Nicolas Meyer, nous perdons sa trace à partir du 5 janvier 1636.

La peste et la famine, jointes à un froid vigoureux, plus encore que la guerre, semaient la mort et la desolation ; il est probable que le curé succomba à son tour, ou qu'à l'exemple de beaucoup, il émigra en Suisse. Ce n'est que le 9 juillet 1640 qu'un nommé Nicolas Erhardt de Massevaux, revenant d'exil à Neufchâtel, fut investi de la cure vacante de Soultz. Des notes succinctes, insérées dans les registres paroissiaux, peignent en quelques mots l'horreur de la situation créée par cette guerre. Le curé Erhardt mentionne le petit nombre d'habitants resté dans la région à la suite des désordres de la guerre. Après lui, de 1642 à 1647, le curé de Soultz baptisa les enfants de Hartmanswiller, de Wuenheim, et même de Rædersheim, ce qui indique que ces paroisses n'étaient pas encore pourvues de prêtres.

Les mêmes registres nous apprennent que le 22 août 1679, deux mille personnes environ furent confirmées par Mgr. Jean Caspar Schnopf, suffragant de l'évêque de Bâle. Ce grand nombre de confirmés indique que depuis de longues années on n'avait pas administré le sacrement dans la région.

Nous avons dit que le patron de l'église et de la paroisse de Soultz était saint Maurice. Le jour de la fête de ce saint était strictement observé et sanctifié à l'égal d'un dimanche sous peine d'amende, ainsi que le témoigne le procès suivant :

Joseph Mechler et Antoine Lœtscher de Wuenheim avaient fait travailler à Soultz le jour de la Saint-Maurice 1787.

Accusés de ce fait devant le bailli de Soultz, ils dirent pour défense « que de tout temps les gens de Wuenheim ont travaillé le jour de la Saint-Maurice, ce jour n'étant pas fête chez eux ; que par contre ceux de Soultz travaillent de même le jour de la Saint-Egide, patron de Wuenheim, et ils traversent même ce jour-là le village de Wuenheim avec leurs voitures et grand bruit, tout près de l'église pendant le service divin ; même ce qui est une espèce de scandale. Au lieu que les défendeurs n'ont scandalisé personne, ayant labouré et ensemencé leur champ dans un endroit écarté assez loin de la ville de Soultz (au lieu dit Kaltacker) ».

Mais le procureur fiscal répliqua « que si des particuliers de Wuenheim ou de Soultz ont travaillé les jours de fête dans l'un ou l'autre de ces endroits et n'ont pas été mis à l'amende, la raison en est parce qu'on n'a pas fait de rapport au demandeur ; mais cet abus ou ce scandale n'a pas autorisé les défendeurs à suivre un mauvais exemple et ne doit pas les soustraire de l'amende encourue, ayant travaillé dans le ban de la ville ».

Le 12 février 1788, ils furent condamnés chacun à 6 livres d'amende et aux dépens.

Et J. Mechler écrivit sur les pièces du procès l'annotation suivante : Il est défendu de travailler à Soultz le jour de la Saint-Maurice. Pour le savoir, cela m'a coûté 13 livres [1]).

---

1) Communiqué par M. C. Oberreiner.

A partir de l'année 1647, le rectorat de Soultz fut occupé d'oncle à neveu par des membres de la même famille jusqu'à la Révolution.

On a vu que l'inféodation des charges civiles dans une même famille, qui formait ainsi une sorte de patriciat dans la commune, fut une des causes qui amenèrent les bourgeois de Soultz aux idées révolutionnaires.

Dans le domaine religieux, la même cause, pour être moins évidente, n'en fut pas moins certaine. Ainsi lorsque les assemblées municipales furent instituées en 1787, le curé qui devait y représenter le clergé, n'assista qu'à la première réunion, puis, imitant le bailli, qui ne s'était pas présenté du tout, on ne le revit plus dans cette assemblée. Néanmoins la municipalité sembla rester en bons termes avec le clergé. Il est vrai que le 22 novembre 1788, elle refusa le traitement payé jusqu'alors à ceux qui prêtaient leur concours aux processions du 2 mai et de la Fête-Dieu, ce qui occasionnait une dépense de 320 livres par an. Déjà au commencement du siècle les représentants du peuple s'étaient élevés contre cette dépense où il semble en effet qu'il y ait eu abus.

Cependant le 11 août 1790, la municipalité accordait une nappe et des toiles cirées pour le grand autel de l'église et deux cordes de bois pour la sacristie.

Le 20 décembre 1789, l'évêque de Bâle autorisa par décret le recteur de Soultz à faire sonner aux messes les jours ouvriers comme les dimanches et fêtes. Le 3 janvier 1790 furent proclamés à Soultz les décrets des 19 septembre et 14 novembre 1789, dont le premier prohibait la disposition de tous les bénéfices, à l'exception des cures, et le second concernait la conservation des biens ecclésiastiques.

Le 5 février 1791 on reçut à Soultz la loi du 26 décembre 1790 sur le serment à prêter par les évêques et autres fonctionnaires ecclésiastiques publics. Le curé de Soultz quitta alors la ville, ne voulant pas prêter ce serment, et la paroisse fut administrée par les chapelains : l'abbé Thellier et l'abbé Dürr. C'est à l'abbé Thellier, faisant fonction de vicaire, que le 19 février la municipalité remet les lois à publier au prône, et, le 26 février, la loi du 23 janvier en réponse au bref du pape.

La municipalité hésita cependant longuement à faire prêter un serment qui devait amener le schisme dans la commune et y révolter bien des consciences. Elle s'y décida cependant le 22 avril 1791, et commença par le couvent des Capucins. « A la consternation des délégués municipaux » sept pères et un frère refusèrent de prêter le serment constitutionnel et de reconnaître l'évêque de Colmar nouvellement élu. Quatre pères cependant et cinq frères acceptèrent de se soumettre aux lois. On temporisa encore jusqu'au 2 mai pour le clergé séculier. A cette date, « le S⟨r⟩ Jacques Dürr, ci-devant chapelain de la ville, se présenta à l'assemblée municipale, disant que le S⟨r⟩ Wilhelm, curé de cette ville, l'avait prié hier au soir de faire en général toutes les fonctions curiales, sans qu'il lui ait dit pour combien de temps ; que pour obliger le curé et principalement la communauté, il lui aurait promis de faire lesdites fonctions, ce dont il avait cru devoir informer la municipalité.

« Sur quoi, vu la déclaration ci-dessus faite et étant informé que le S⟨r⟩ Wilhelm curé a quitté la ville aujourd'hui à quatre heures du matin, l'assemblée considérant l'embarras dans lequel la commune se trouve relativement aux fonctions curiales et prévoyant la cessation de ces fonctions, attendu que le S⟨r⟩ Dürr, ci-devant chapelain, en sus de sa déclaration ci-dessus, et sur l'interpellation à lui faite, s'il entendait, en sa qualité d'administrateur et comme devenant fonctionnaire public, prêter le serment prescrit par le décret du 27 novembre dernier, reconnaître M. l'évêque élu pour le département du Haut-Rhin, recevoir les saintes huiles et s'en servir près des malades en cas de besoin ; nous a déclaré d'une air embarrassante (*sic*) ne vouloir et ne pouvoir répondre autre chose à ces questions, sinon qu'il ne voulait point être administrateur, que son âge et sa santé ne lui permettent pas d'en faire les fonctions (il avait 56 ans), ce qu'il en faisait actuellement était par zèle et pour obliger la communauté.

« Dans la circonstance notre dite assemblée a statué que mondit Sʳ l'évêque sera incessamment informé de la position dans laquelle se trouve la communauté de Soultz, relativement aux fonctions curiales, à quel effet copie des présentes lui sera envoyée, le suppliant de vouloir bien provisoirement et en attendant qu'il sera procédé aux élections des curés, nommer pour administrateur à la cure de Soultz, les ci-devant pères capucins nommés Simon et Joseph Antoine ou tel autre qu'il lui plaira pour que le service se fasse et ne chôme pas.

« Et attendu que le mariage de la fille de Chrétien Henner de cette ville a été publié au prône dimanche dernier en vertu de dispense du ci-devant évêque de la Haute-Alsace, et que le mariage doit être célébré demain par ledit Sʳ Dürr, ci-devant chapelain, nous avons requis ce dernier de ne point célébrer le mariage, à moins qu'on lui fasse aparoir les dispenses de M. l'évêque Arbogast Martin, à peine d'en répondre.

« Le 4 mai, en vertu d'un acte de nomination décerné par M. Arbogast Martin, évêque du Haut-Rhin, et son conseil du 3 courant, le Sʳ Simon, ci-devant capucin, est nommé administrateur de la paroisse de Soultz, et le Sʳ Joseph Antoine, vicaire agréé, ci-devant capucin, lesquels ont promis de prêter le serment requis aussitôt que les paroissiens seront assemblés et ont signé : P. Simon, P. Joseph Antoine ». (Arch. de Soultz, délib. mun.).

Ces deux prêtres qui figurent parmi les capucins de Soultz, qui ont prêté le serment, se nommaient de leur nom de famille, l'un Richard, l'autre Moguntz. Ce dernier fut définitivement élu curé constitutionnel

de Soultz, et Richard curé de Wuenheim. Toutefois
il règne une certaine incertitude sur leur identification
du fait que les premiers procès-verbaux ne leur donnent
que leur nom de religion, et celui de leur nomination
que leur nom de famille. Voici ce dernier:

« Cejourd'hui, 31 juillet 1791, vers les 9 heures du
matin, en l'église paroissiale de cette ville de Soultz,
le S[r] abbé Moguntz, ayant été nommé par le corps
électoral du 18 courant curé de la paroisse de cette ville
et reçu en conséquence l'institution de M. Arbogast
Martin, Evêque du département du Haut-Rhin, suivant
acte d'institution du 28 courant, que ledit S[r] abbé Moguntz a produit et lequel lui a été rendu, après lecture
faite, le conseil général de la commune assemblé en ladite
église a installé ledit S[r] abbé Moguntz, en sadite qualité
de curé en face des paroissiens qui se trouvaient assemblés en grand nombre en ladite église, le tout à la manière
usitée et requise et encore en présence du Sr Burgunder,
curé de Guebwiller, qui a fait les cérémonies spirituelles
usitées, de quoi a été dressé le présent procès-verbal,
lequel ledit abbé Moguntz a signé avec nous les offi-
ciers municipaux : Moguntz, Beiger, maire subrogé,
Bernard, procureur de la commune, Simon et Bouillon ».

L'installation du clergé constitutionnel n'eut pas lieu
cependant sans protestations; aussi le 1er juin le sieur
Beiger avait-il cru devoir produire à l'assemblée municipale un discours en réfutation d'une prétendue bulle
d'excommunication du pape intitulée : *Gegenred die
eine guethe catholische aber patriotische geistlichkeit den
einwohnern der beiden reinischen departementern wider
die hersch und Habsucht der Italienischen geistlich gross-
cantzley zu lesen rathet.*

« L'assemblée municipale, après avoir mûrement lu
et examiné ladite réfutation et le trouvant fondé sur
principes et en état de faire de bons impressions sur
l'esprit de la populace et les faire revenir de l'erreur
dans lequel il a été plongé par des gens malintention-
nés, statue que ledit discours sera publiquement lu au

Prône et ensuite envoyé au club de la ville pour que le Président en fasse lecture également ».

Naturellement cette lecture ne fit pas grande impression sur les partisans de l'ancien régime. Ainsi le 16 août « la municipalité dénonce à l'accusateur public du district de Colmar qu'un nommé François Neef tenait des propos séditieux, scandaleux et blasphématoires, disant que tous les prêtres indistinctement qui ont prêté le serment, principalement ceux qui ont quitté leur couvent et accepté des cures et autres bénéfices, étaient grands hérétiques, que tous les actes qu'ils faisaient en fait de religion étaient des sacrilèges, que les sacrements qu'ils administraient étaient nuls, que celui du mariage était un concubinage défendu et qu'il fallait rebaptiser tous les enfants qui avaient été baptisés par ces prêtres hérétiques, que tous ceux qui entendaient leur messe étaient des hérétiques comme eux, que s'il était forcé d'entendre la messe d'un prêtre juré, il croirait qu'au moment qu'il lèverait l'hostie, que ce prêtre a le diable entre les mains et qu'il brûlerait la cervelle à ce prêtre sur l'autel même, et autres séditieux et indécents propos contre l'évêque de Colmar et les prêtres qu'il ordonnait. Ce particulier a été amené par la populace en la maison de ville où il est détenu jusqu'à ce que l'on ait eu des instructions de Colmar ».

Ce Neef était un parent d'un ancien officier des armées royales qui avait été commandant de la Garde nationale à Soultz au commencement de la Révolution. Il était d'une famille très religieuse et dévouée à l'ancien état de choses. Peut-être est-ce l'officier lui-même qui se nommait François Laurent et mourut à Soultz, âgé de 70 ans, le 14 novembre de cette même année.

D'un autre côté le curé Moguntz porte sur les registres paroissiaux le décès de Marie-Anne Giltviller, épouse de Maurice Busch, âgée de 51 ans, qui refusa les sacrements comme administrés par des prêtres constitutionnels hérétiques.

Le 4 mai, après la nomination des administrateurs constitutionnels de la cure, l'ancien chapelain Dürr leur avait remis les registres paroissiaux en cours qui se trouvaient à la sacristie, disant ignorer où étaient les autres. Le Sr Winniger, marguillier, ayant été appelé, déclara que ces livres se trouvaient à la maison de l'ancien curé Wilhelm. L'assemblée s'y transporta, trouva la maison vide et démeublée, sauf trois chambres fermées à clef; sur leur réquisition, la dame Bind, belle-sœur de M. Wilhelm, ouvrit ces chambres et leur remit vingt et un volumes contenant les actes paroissiaux antérieurs, plus trois registres contenant les anniversaires, après quoi les administrateurs Simon et Antoine furent installés à la maison curiale.

Désormais c'est à l'église paroissiale que non seulement sont publiés les textes des lois nouvelles, mais encore que les citoyens s'assemblent pour les différentes élections et pour prêter les serments civiques.

Le 11 janvier 1792, le curé Moguntz dit qu'il a célébré pendant l'Avent une messe à 7 heures, comme depuis quelques années; que cela devait être une fondation, et il en demande le paiement. La municipalité n'ayant aucune connaissance de ceci, cite le sieur Larger qui a payé cette messe jusqu'ici. Celui-ci déclare que sa sœur Louise, religieuse aux Unterlinden de Colmar, avait désiré faire célébrer une messe de Rorate, celle-ci étant déjà fondée au couvent, elle avait demandé à l'évêque de Bâle l'autorisation d'en dire une avec exposition du saint Ciboire à Soultz, ce qui avait été accordé, que le sieur Larger recevait 35 livres par an pour les remettre au curé à cet effet, mais que depuis trois ans que sa sœur était morte il ne recevait plus rien, ce qu'il avait déclaré au bedeau.

Le 1er décembre suivant, le curé Moguntz annonce à la municipalité que des âmes pieuses voulaient la célébration d'une grand'messe chaque jour de l'Avent, offrant d'en payer tous les frais; la municipalité répond que loin de s'y opposer elle y adhère avec plaisir. On voit que le clergé constitutionnel avait fini par se faire accepter au moins par une partie de la population.

Le 2 février 1792, les chapellenies ayant été supprimées, la maison du chapelain avait été louée pour trois ans au profit de la commune.

Le 5 mars 1793, nous trouvons fonctionnant à Soultz, en outre du curé Moguntz, l'abbé Welté, l'abbé Sutter, ancien bénédictin de Thierbach, et l'abbé Paul, ancien père capucin. De plus, le 14 mars la municipalité délivre des certificats de civisme aux anciens religieux suivants : Georges Muesch et Mathieu Hug, anciens frères capucins, résidant depuis le 1er mai au couvent de Thierbach ; Nicolas Werner, ci-devant frère capucin ; Madeleine Mæges, ci-devant religieuse aux Unterlinden ; Anne-Marie Hunckler, ci-devant choriste à l'Engelport ; Joseph Antoine Moguntz, curé à Soultz ; François Antoine Welté, vicaire ; Chrétien Sutter, ci-devant bénédictin de Cluny ; Joseph Daigue, ci-devant père capucin ; Jean Conrad Cromer, bernardin de l'abbaye de Sturtzelbronn ; Jean Lutt et Nicolas Wottly, ci-devant frères capucins, résidant tous à Soultz depuis le 1er mai dernier.

Le 14 avril, elle en délivre encore à Tobie Beltz et Jacques Schneiderlin, les deux anciens frères capucins demeurant à Soultz depuis un an ; à Françoise Witschger et Barbe Strehlé, ci-devant choristes à Ensisheim, demeurant à Soultz depuis six mois ; enfin à Henriette Immelin, ci-devant choriste à Saverne, demeurant à Soultz depuis le 27 décembre dernier.

Bientôt cependant le culte constitutionnel devait être proscrit à son tour. Le 21 juin 1792, la municipalité avait reçu la loi relative à l'enlèvement des cloches des églises, mais elle ne s'empressait pas de l'exécuter. Il faut que le 7 octobre 1793, le citoyen Jamet, commissaire de la Convention, se présente pour faire enlever les cloches. On lui déclare qu'il en existe quatorze, tant à Soultz qu'à Wuenheim. Il en ordonne le transport au Ladhof de Colmar, le sieur Antoine Durrwell est chargé de l'exécution de cet ordre, On verra qu'il put en sauver deux qui restèrent à l'église paroissiale, et une à Wuenheim.

Le 7 novembre suivant, sur la réquisition du procureur de la commune Bouillon, la municipalité nomme les citoyens Antoine Durrwell et Joseph Seib commissaires pour procéder à l'enlèvement des croix, chapelles, ex-votos et autres monuments semblables, en exécution de l'arrêté du département en date du 3 brumaire an II (24 octobre 1793) [1].

Le 30 brumaire (20 novembre 1793), la municipalité nomme les citoyens Antoine Kessler et Xavier Baur pour dresser l'inventaire des objets d'or et d'argent qui se trouvaient à l'église et l'envoyer au district, en exécution de l'arrêté du représentant du peuple près l'armée du Rhin, en date du 17 brumaire.

A partir du 9 décembre il semble que le culte soit entièrement aboli à Soultz. Dès le 6 mai on avait interdit les processions hors du ban. Le 11 nivôse (31 décembre), on institue le culte de la Raison, mais dans la chapelle de la Commanderie, et non dans l'église paroissiale. Et le 28 thermidor (5 août 1794), le citoyen Vergnet, garde-magasin des fourrages militaires, requiert la municipalité de lui accorder la ci-devant église pour emmagasiner 6000 quintaux de foin.

La municipalité « ayant pris en considération les besoins des armées et le bien de la République et ouï l'agent national, a accordé ladite église pour un magasin à foin. En conséquence elle arrête que dans le moment tous les charpentiers et menuisiers de la commune seront requis jusqu'à ce qu'elle soit débarrassée de tout ce qui pourrait gêner à y emmagasiner ledit foin ».

---

1) Ces commissaires s'acquittèrent aussi bien mollement de leur mission, car beaucoup de croix, de chapelles rurales, d'images pieuses, antérieures à la Résolution, existent encore, tant dans la ville que dans la campagne de Soultz.

Le 23 ventôse (13 mars), la municipalité, en exécution d'une circulaire du district, avait fait défense de chômer le ci-devant dimanche, à peine d'être dénoncé comme fanatique.

D'autre part, le 22 thermidor (9 août) elle avait décidé de célébrer la fête du 10 août 1792, dans le Temple de l'Etre suprême ; c'était la chapelle de la Commanderie, puisque l'église paroissiale était transformée en magasin à fourrage depuis le 5 août. Quelques jours après, elle avait promulgué les lettres du représentant Foussedoire ordonnant à nouveau la disparition des chapelles et emblèmes religieux dans les lieux publics et à l'extérieur, défendant les sonneries de cloches. Quant au curé constitutionnel Moguntz, il avait été arrêté, et il figure parmi les déportés à Besançon du 10 thermidor (28 juillet), au 23 vendémiaire (14 octobre) 1794. On ne le revit plus à Soultz. Voici ce qu'en écrit l'évêque Berdollet le 29 novembre 1799 : « Je dois vous rectifier une erreur qui s'est glissée dans les renseignements que je vous ai ci-devant adressés sur les questions consignées dans les *Annales de la Religion*, tome II, p. 253, concernant le Haut-Rhin, où il est dit que le nommé Moguntz, devenu curé à Soultz par la Révolution et qui s'est marié, avait convolé à un second mariage après la mort de sa femme ; mais il est faux que sa femme soit morte et qu'il ait contracté un nouveau mariage ; il vit avec sa femme du côté de Wissembourg, où il est à ce qu'on m'assure commissaire du Directoire ». (*Grégoire et l'Eglise constitutionnelle d'Alsace*, documents inédits publiés par A. Ingold, 1894).

Le 19 brumaire an III (9 novembre 1794), le conseil général, sur la demande de plusieurs citoyens, autorise la sonnerie des cloches le matin, à midi et le soir pour prévenir les gens qui sont aux champs. C'était une manière déguisée de sonner l'Angelus ; le sergent de ville fut chargé de cette sonnerie.

Le 26 ventôse (16 mars 1795), Joseph Antoine Hurth, ancien détenu à Chaumont, revient à Soultz. Il prête le serment civique le 9 floréal (28 avril 1795). On pouvait prêter ce serment sans contrevenir aux ordres du pape. Ce prêtre était un enfant de Soultz où il était né le 17 octobre 1735 ; ancien Jésuite, il avait été chapelain à Wattwiller, après la destruction de son ordre, jusqu'à la Révolution ; puis il était resté caché dans le pays, distribuant aux fidèles catholiques les secours de la religion. Dénoncé, il avait été arrêté et reclus pendant la Terreur. Il avait alors 62 ans. Il mourut retiré à Soultz en 1813. Ce prêtre zélé, aussitôt revenu à Soultz, s'occupa d'y restaurer le culte, non sans péril ; ainsi sur la réquisition de l'agent national, la municipalité fit disperser les enfants qui s'étaient assemblés le 16 prairial (4 juin) pour célébrer la Fête-Dieu par une procession, contrairement à la loi du 3 ventôse sur l'exercice extérieur du culte et ordonna une enquête sur les auteurs de cet acte d'insubordination.

De son côté, le clergé constitutionnel se reconstitue. Le 1er messidor (19 juin 1795), la municipalité donne acte de soumission aux lois de la République aux prêtres Jean Conrad Stanislas Cromer, François Joseph Daigue, François Barthélemy Bernou, et Antoine Welté qui ont résolu de faire le service divin dans l'église paroissiale. Le lendemain, le même acte est délivré à Joseph Antoine Hürth.

Le 26 vendémiaire an IV (18 octobre 1795), les ministres du culte résidant à Soultz sont cités pour leur donner lecture de la loi du 11 courant relative au culte. Joseph Antoine Hürth déclare qu'il réfléchira pendant une décade, Antoine Welté fait la même déclaration avec soumission à la loi. Stanislas Cromer de même, Barthélemy Bernou et François Joseph Daigue prêtent le serment.

Il paraît que l'abbé Hürth ne donna pas réponse favorable, car le 3 novembre 1795 (12 brumaire), la municipalité, en exécution de la loi du 4 courant qui ordonnait l'exécution des lois de 1792 et 1793, contre les prêtres sujets à la déportation ou à la réclusion, ordonne perquisition de la personne de Joseph Antoine Hürth, lequel n'a pas été trouvé à sou dernier domicile après la perquisition faite. Le 26 ventôse (16 mars 1796), les perquisitions recommencent dans la maison du citoyen Hug pour y chercher des prêtres réfractaires, mais on n'en trouve point.

Le culte catholique romain est exercé alors dans la chapelle de la Commanderie, non sans entraves. Ainsi le 30 floréal an IV (19 mai 1796), l'agent municipal écrit au commissaire près de l'administration municipale, que malgré l'arrêté basé sur les lois, que l'administration a pris le 14 pluviôse dernier (3 février 1796), contre le citoyen Hug, propriétaire de la ci-devant Commanderie, de ne pas recevoir plus de dix personnes dans sa chapelle; il s'y tient des assemblées nombreuses et fréquentes et demande de prendre envers ledit Hug les mesures dictées par la loi. Le 3 prairial (22 mai), l'agent national revient à la charge. Mais le 10 (29 mai), les citoyens Antoine Silbermann, Joseph Hodel et George Breyman le jeune présentent à la municipalité une pétition signée par eux et encore par Breyman le vieux, David Maurice, Antoine Stocker, Antoine Widerkehr, Bint, Violand, Antoine Walterspiehl, contenant déclaration qu'ils font choix de la ci-devant chapelle de la Commanderie de Soultz, conformément aux articles XVI et XVII de la troisième section de la loi sur l'exercice de la police extérieure des cultes du 7 vendémiaire dernier. Cependant l'agent municipal, vu l'article XXV du titre 4 de la même loi et l'article 1 de la loi du 2 prairial an III relative à la célébration des cultes dans les édifices qui y étaient originairement destinés, ne croit pas être dans le cas de donner acte aux pétitionnaires de leur déclaration.

Le 21 frimaire an X (12 décembre 1801), Jean François Nicolas Danzas, prêtre déporté, placé en surveillance dans la commune de Soultz, promet fidélité à la constitution de l'an VIII.

Le 22 septembre 1795, une assemblée nombreuse de prêtres constitutionnels était réunie à l'occasion de la fête patronale de Soultz. Ils décidèrent de former un presbytère pour l'élection d'un évêque du Haut-Rhin. Ce presbytère réuni à Aspach-le-Bas le 27 avril 1796, élut Marc Antoine Berdolet, curé de Pfaffans. Le nouvel évêque fut solennellement consacré le 15 août suivant dans l'église des Dominicains de Colmar. Mais il résida à Belfort ou à Pfaffans jusqu'à la fin de l'année 1798. Le 16 mai de ladite année, un synode diocésain se réunit dans l'église de Soultz et dura jusqu'au 23 mai. On y régla différents points relatifs à l'administration des sacrements et au règlement du ministère ecclésiastique. Le diocèse fut divisé en 8 diaconies ; Soultz fut le chef-lieu de l'une d'elles avec le C. Joseph Kœnig, curé d'Aspach-le-Bas, comme diacre. Il fut décidé aussi que l'évêque, sur la demande des habitants de Soultz, et considérant qu'il ne pourrait de longtemps résider à Colmar, ferait sa résidence à Soultz.

Il vint en effet s'y installer au n° 29, maison Krafft, à la fin de 1798. Il était accompagné de l'archidiacre Jean Henri Weiss, administrateur de la cure et de Monpoint, vicaire et secrétaire de l'évêque. Le premier acte de baptême qu'il signa à Soultz est du 7 octobre 1798.

Un second synode se réunit le 26 mai 1800 pour le renouvellement et la division des archiprêtrés. Soultz devint le chef-lieu de l'un d'eux, Jean Henri Weiss, vicaire épiscopal et archidiacre et François Antoine Welté, coopérateur. On trouvera le détail de ces différents synodes dans les *Documents pour l'histoire religieuse en Alsace pendant la Révolution*, publiés par J. Liblin, Mulhouse, 1859, et dans la publication de M. Ingold : *Grégoire et l'Église constitutionnelle d'Alsace*.

Le 20 août 1800, le citoyen Mathias Hug, propriétaire de la Commanderie, fut cité devant la municipalité pour répondre des rassemblements qui se faisaient dans la chapelle située dans son enclos pour l'exercice du culte. Hug déclara que cela se faisait en vertu d'un arrêté du département. Il fut requis de produire cet arrêté dans les 24 heures, et comme il ne le fit pas, le procès-verbal fut envoyé à l'accusateur public. C'est alors que le 3 octobre les catholiques non constitutionnels se réclamant de l'article IV de la loi du 11 prairial an III, demandèrent d'exercer leur culte dans l'église paroissiale. Le 11 octobre, la municipalité decida que le culte constitutionnel continuerait de jouir de l'église paroissiale le matin de 9 heures à midi, et le soir de 3 heures à 5 heures, tandis que l'autre culte en jouirait de 6 heures à 9 heures du matin et de 1 heure à 3 heures l'après-midi. Cependant lors des offices religieux les portes devaient rester ouvertes, afin que chaque particulier puisse y assister comme bon lui semblerait. Chaque parti devait jouir en communauté avec l'autre et entretenir à frais communs les autels, orgues, bancs et autres effets qui se trouvent à l'église, chaque parti aurait sa clef et la sacristie serait divisée ou possédée en commun. Tout contrevenant ou perturbateur serait puni d'une amende de 50 à 500 livres, ou d'un emprisonnement de 2 mois à 2 ans. Mais le 29 octobre, les partisans du clergé constitutionnel demandèrent à jouir de l'église de 6 à 7, et de 9 à 11 heures du matin, et les autres de 7 à 9 heures, et de 11 heures à midi, ce qui fut accordé, le reste de l'ordonnance du 11 restant maintenu.

L'ancien curé Wilhelm était alors revenu. Le 21 décembre le maire lui écrit, ainsi qu'à Berdolet, pour lui signifier qu'il ne pourrait sous aucun prétexte être célébré de nuit aucune cérémonie religieuse. C'était une défense de célébrer la messe de minuit. Le 17 février 1801, le maire leur écrit encore relativement à la tenue de la prière dite *Miserere*. Décidant que le culte qui tient son office de 3 à 5 heures du soir, le continue jusqu'à 6 pour achever les prières, tandis que ceux du parti non constitutionnel jouiraient du temple de 6 à 7 heures du soir pour dire leurs prières.

Mais ces regrettables dissidences devaient enfin s'effacer devant le Concordat qui fut conclu entre Bonaparte et le pape le 15 juillet 1801.

L'évêque Berdolet fut un de ceux que le Concordat maintint dans leur dignité, mais il fut nommé au siège épiscopal d'Aix-la-Chapelle. C'est probablement à l'occasion de cette nomination qu'il fit une entrée solennelle dans Soultz, le 27 prairial an X (16 juin 1802). Un rapport du maire de Soultz au préfet du département la raconte ainsi : le citoyen Berdolet est arrivé en cette commune le 27 prairial dernier entre 7 et 8 heures du soir ; plusieurs habitants de cette ville ont été à sa rencontre avec des fusils ; à son arrivée ils ont été tirés, de même que quatre petites pièces de fonte. Le lendemein il a tenu une messe pontificale, cejourd'hui (1er messidor) il a administré la confirmation à plusieurs enfants, même à des étrangers.

Ce ne fut cependant que le 1er mai 1803, que le curé Wilhelm fut solennellement installé, après avoir prêté le serment prescrit par le Concordat, par devant la municipalité de Soultz qui en délivra procès-verbal.

Le 19 floréal (9 mai suivant), le maire écrit au préfet en ces termes : « Le juge de paix de cette ville m'a communiqué votre lettre du 14 courant, par laquelle vous lui annoncez le plaisir que vous avez eu en recevant la sienne contenant les détails de la cérémonie qui a eu lieu lors de l'installation du curé Wilhelm. Citoyen Préfet, si j'ai tardé jusqu'ici de vous les faire parvenir, c'est parce que le juge de paix s'en était chargé, et que je voulais voir si la réunion qui s'est opérée lors de l'installation dudit curé serait réelle ou seulement apparente.

« J'ai aujourd'hui la douce satisfaction de vous annoncer, citoyen préfet, que la réunion qui s'est opérée à l'installation du curé Wilhelm prend de jour en jour de plus fortes racines et que, malgré l'opinion de quelques personnes, on est non seulement d'accord mais encore rempli d'une joie interne et satisfaisante de voir que le passé est oublié et que l'on ne s'occupe que du présent, avec ferveur et zèle de faire de jour en jour de nouveaux progrès pour le bien. Salut et respect. Signé : Beiger ».

En effet, le 30 mai l'assemblée municipale se réunit pour régler les différentes questions relatives à la réorganisation du culte. Le curé ayant déclaré qu'il se contenterait du traitement accordé par le gouvernement, tant qu'il le toucherait, le conseil fixa à 600 fr. le traitement des deux vicaires au cas où ils ne recevraient rien du trésor public. Il décida de surseoir à toute décision concernant le presbytère, l'ancien ayant été vendu par la nation. Quant aux objets nécessaires au service du culte, il fut reconnu que le rétablissement des bancs et des cloches étaient le plus urgent, pour lesquels elle vote une dépense de 10.000 fr. Il faut conclure que l'ancien mobilier de l'église subsistait encore. C'est probablement celui qui l'ornait jusque vers 1880. Le maître-autel était en stuc et en marbre, de style renaissance, sans retable; la fenêtre qui est au chevet était fermée, sauf une ouverture ronde contenant un petit vitrail représentant une Gloire. Le pourtour du chœur était garni d'une boiserie en chêne brun sculpté, de style renaissance également. Dans chaque bras du transept il y avait deux autels, l'un de style rococo en stuc blanc et or, l'autre aussi en stuc de style Louis XIV. Des tableaux représentant des saints formaient les retables de ces autels. Dans la chapelle Sainte-Madeleine existait encore le petit autel surmonté des statuettes des divers saints, sous le vocable desquels étaient instituées les prébendes et qui fut érigé en 1770. Dans la chapelle des Waldner, un autel très simple était surmonté d'une statue de la sainte Vierge de grandeur naturelle en bois doré, dont le style appartient au XVIe siècle. La tête n'est pas neuve comme le dit Kraus (*Kunst und Altertum in Elsass-Lothringen*), mais seulement peinte à une époque moderne d'une façon qui en a altéré le caractère. Cette statue, aliénée par le conseil de fabrique avec les autels, a été rachetée par un des vicaires, l'abbé Scheer, et a été placée par nos soins dans la chapelle du cimetière.

Enfin la chaire à prêcher en bois sculpté et marqueté était peinte en blanc et or, elle a été débarrassée de cette peinture et restaurée ; formant ainsi le remarquable travail d'ébénisterie qui existe encore aujourd'hui. C'est avec le buffet d'orgue tout ce qui reste de l'ancien mobilier de l'église.

La Révolution avait laissé deux cloches dans le clocher de notre église. L'une qui existe encore est très ancienne. Autour de son cerveau on voit une suite de saints et d'apôtres, au-dessus de laquelle est l'inscription : † *Gloria in excelsis Deo et in terra pax hominibus.* Au-dessous on lit celle-ci : *O rex gloriæ Christe veni nobis cum pace. Osanna in excelsis.* Anno M.CCC.LXV.

Cette cloche est donc de l'année 1465 (et non 1454 comme a lu Knoll qui a pris l'X pour un I). D'après une tradition, elle porterait le nom de Suzanne, mais peut-être cette dénomination ne repose-t-elle que sur une mauvaise traduction du mot *Osanna*.

L'autre cloche, d'après un procès-verbal consigné dans les registres de délibérations de la municipalité sous la date du 10 juillet 1804, portait autour de son cerveau l'inscription suivante : *M. Lorentz Pfister und M. Jacob Meyer in Basel deden mich aus grosser hits giessen im 1585 jar aus groser hits det ich fliessen. Sabado pango, Excito lentos, dissipo ventos, paco cruentos, funera plango, fulgura frango.*

Elle pesait 1092 kg. 590 gr.

L'inscription qu'elle portait est intéressante à plus d'un titre, et l'on doit savoir gré au maire Beiger de nous l'avoir conservée. Non seulement elle nous donne les noms de deux artistes fondeurs de cloches bâlois, mais encore l'inscription latine qui est imitative, rappelle le chant de la cloche elle-même ; de plus les phrases : *dissipo ventos, fulgura frango,* se rapportent à l'ancien usage de sonner les cloches pendant les orages, afin de les dissiper. Cette cloche se fêla malheureusement en 1803.

Les premiers marguilliers du conseil de fabrique furent Joseph d'Anthès, Dominique Durrwell, et J.-B. Richart ; ils furent remplacés le 1ᵉʳ mars 1804 par Philippe Strehlé, Léon Beltz et Joseph Chaggué.

Le conseil municipal réuni le 16 mars 1804 vota une dépense de 574 fr. pour réparations au clocher, 1846 fr. 50 pour celles de la toiture de l'église, 795 fr. pour celles à faire au corps interne et externe, et 1020 fr. pour la refonte de la cloche fendue. Le conseil constate que les revenus actuels de l'église sont à peine suffisants pour les dépenses journalières du culte et qu'une grande partie des capitaux de la fabrique ont été remboursés pendant le cours des assignats ; il décide de faire une coupe de vieux chênes sur le retour, dans les forêts communale, jusqu'à concurrence de 6000 fr. qui seront employés aux réparations de l'église.

C'est le 10 juillet 1804 que la cloche fêlée de 1585 fut descendue du clocher et mise en morceaux qui furent remis à Maurice David, fondeur à Soultz. Le 30 août de la même année eut lieu le baptême de la nouvelle cloche qui fut bénite par M. François Antoine Delort, chanoine de la cathédrale de l'évêché de Strasbourg, commissaire nommé par M. l'évêque, en présence de M. Félix Desportes, préfet du Haut-Rhin, de la famille d'Anthès, de la famille de Waldner et des habitants de la ville et des communes voisines. Cette cloche porte pour inscription : *Je m'appelle Félix, mon parrain Joseph Conrad d'Anthès, ma marraine Marie-Anne Louise de Hatsfeld, David Mrurice m'a fondue au mois de juillet de l'an de J.-C. 1804. Napoléon Bonaparte étant empereur des Français, Félix Desportes préfet du Haut-Rhin, François Antoine Reiger, maire de la ville de Soultz, Protais Wilhelm, curé, Philippe*

*Strehlé, le docteur Léon Beltz et Joseph Chagué, admi-
nistrateurs de la paroisse.*

Cette cloche pèse 13.706 hectogrammes.

La petite cloche fut également fondue par Maurice
David, en mai 1812 ; ses parrains furent M. de Bellile
et Anne Marie Joséphine Suzanne d'Anthès.

Une quatrième cloche fut donnée vers 1860. Elle
ne s'accorde pas malheureusement avec les trois autres.

Il est probable que le tympan du grand portail de
l'église portait une décoration qui fut détruite par la
Révolution. On voulut la remplacer par une inscription
rappelant cette funeste période et qui devait être ainsi
conçue : *Post violentos decennales revolutionis tumultus
pace ecclesie et Regno reddita, Napoleone primo, fran-
corum imperatore gloriose regnante, templum hoc pluribus
in partibus dirutum atque mutilatum, denuo restauratum
fuit. Anno Domini M.DCCCIV,* d'après un billet retrouvé
dans les registres de délibérations de la municipalité.
Mais on préféra la simple inscription évangélique en
allemand qu'on y lit aujourd'hui.

En 1851, on entreprit une restauration plus intelli-
gente du monument [1] ; la belle pierre des Vosges qui
le constitue fut débarrassée de l'épaisse couche de
badigeon rose qui la recouvrait, et l'on projetait un
mobilier plus en harmonie avec le style de l'édifice,
ainsi que des vitraux remplaçant les simples verres qui
fermaient les baies. Mais ces projets ne purent être
exécutés que vers 1880. L'église reçut alors une restauration complète, tant à l'extérieur qu'à l'intérieur. Tous
les autels disparurent et furent remplacés par des autels
en bois sculpté de style gothique. On n'en mit qu'un
seul dans chacun des bras du transept, Ils furent acquis
aux frais de la ville pour la somme de 4.275 fr. De
beaux vitraux vinrent orner les fenêtres du vieux temple.
Ce furent des dons du baron de Heckeren d'Anthès,

1) *Revue d'Alsace,* 1851, p. 475.

de plusieurs familles riches et de la collectivité des paroissiens de la ville. Seules les stations du chemin de croix, trop grandes pour les proportions de l'édifice, mettent une ombre à cette restauration si bien comprise d'un des plus beaux monuments religieux de l'Alsace.

Curés recteurs de Soultz.

Diethelm, rector et presbyter 1135-38 (fond. de Thierenbach. Arch. S.).

Baldemarus plebanus 1202. (Grand. mss., arch. S.).

Berthold, 1254-55 (Tr. I, 605-632).

Henri, curé, 1293 (Tr. III, 675).

Jean Erlun, recteur, 1340 (Ib., 525).

Herman, comte de Dierstein (Berler).

Henri de Hohenstein, † 1441 (Ib.).

Rudolph d'Oberkirch, † 1460 (Ib.).

Ulrich Schutz, 1511 (Arch. S.).

J. Jacques d'Andlau, † 1520 (Berler).

Jean Pfeffel, nommé curé de Rouffach le 29 mai 1541 (Walter, Urk. d. Pfarrei Rufach, p. 137).

Jean Eischbach (?) (Knoll).

Wolf Pauler, 1544 (Ib.).

Christophe Legler, 1578 (Arch. S.).

Jean Chrisostome Oschwalt, 1582-1604 (A. S.); chanoine de Lautenbach 1604, † 1620.

Nicolas Martin Plass, 1604 (A. S.).

Jacob Brombach, SS. Th. B., † 1633 (Ib.).

Nicolas Meyer de Guebwiller, dep. le 26 août 1633-3 janvier 1636.

Nicolas Erhardt de Massevaux, revenu d'exil à Neufchâtel, du 9 juillet 1640, † 1642.

Laurent Wylher de Soultz du 29 mai 1642, revenu après 6 ans d'exil à Baden en Suisse.

Florian Rieden de Soultz, docteur en théologie, chanoine de Sainte-Marie de Grandval, de Saint-Théobald de Thann et de Saint-Pierre-le-Vieux de Strasbourg, curé depuis septembre 1647, vicaire général en 1654, de l'évêché de Bâle, chanoine de Délémont, archidiacre de Strasbourg et prévôt de la collégiale de Saint-Martin de Colmar, † 6 août 1686.

François Ignace Rieden, vicaire en 1685, curé du 25 août 1686, maître ès-philosophie, chanoine de la collégiale de Saint-Martin de Colmar et du chapitre *citra colles Ottonis* 1730 (A. S.).

Christophe Rieden, chanoine de Saint-Martin de Colmar 1736 à 1762, † à 92 ans le 18 février 1785.

Beat Christophe Bint 1762. Camérier du chapitre *citra colles*, prieur de Saint-Vincent de Bollwiller, † le 22 décembre 1783.

M. O. A. Protais Wilhelm du 17 novembre 1783, neveu du précédent, né à Masevaux le 30 juin 1748, fils de Théobald, greffier de Masevaux, et de Marie-Anne Bint. Prieur de Saint-Vincent de Bollwiller, émigra le 2 mai 1791.

Curés constitutionnels.

Joseph Antoine Moguntz, ancien capucin, du 31 juillet 1791, interné à Besançon du 28 juillet au 14 octobre 1794.

François Barthélemy Bernou, desservant, juin 1795-mai 1798.

Jean Henri Weiss, administrateur, 1798-1803 (26 avril), vicaire épiscopal, archidiacre du diocèse.

Curés concordataires.

M. O. A. Protais Wilhelm, revenu d'émigration en 1799, fonctionne à côté du clergé constitutionnel jusqu'à sa réinstallation le 1er mai 1803. † le 18 janvier 1826 à l'âge de 78 ans.

Anselm François Joseph, mars 1826-57.

De Wangen, 1857-74.

Sutter, 1er octobre 1874, † janvier 1904 à l'âge de 72 ans.

Vicaires, Chapelains et Prêtres familiers.

Irin, presbyter, 721 (Chr. Ebers.), fondateur de la chapelle Saint-Pierre.

Walterus, sacerdos 1284 (Tr. II, 402).

H....., vicarius in Sultz 1284 (Ib., 402).

Thomas, vicarius 1316 (Ib. III, 700).

N....., vicarius in Sultz 1343 (Ib., 808).

Pierre de Saint-Ursanne, chapelain de Sainte-Catherine 1347[1]).

Conrad von Neutlingen, chapelain de Sainte-Madeleine, 1414.

Nicolas Wolfgram, prêtre, 1433.

Jean Henelin, chapelain de Sainte-Madeleine, 1467.

Jean Sachs, chapelain de la prébende de la Vierge, 1467.

Jean Wilhelm, chapelain de Saint-George, 1493.

Nicolas Zschertlin, chapelain de la messe de l'aurore, 1494.

Jean Stoffel, chapelain, 1511, 1513.

Nicolas Sthesslin, chapelain de la messe de l'aurore, 1516[2]).

Maitre Caspar, chapelain de la messe de l'aurore, 1533.

Jacob Sarguin, chapelain de la messe de l'aurore, 1544.

Maitre Blaise, prêtre, 1550.

Caspar Wolff, chapelain, † le 16 novembre 1583.

Gregorius Bernhardt, *sacellanus*, 1598.

Philippe Beck, *sacellanus*, 1603.

H. Peter, *capellanus*, † 31 novembre 1633.

J. Fr. Eggenstein, *sacellanus*, 1660-63.

Fr. Jos. Ebelin, prêtre, 1737, † 1749.

J. Henri Cromer, chapelain des Waldner, 1737, † à 78 ans, le 17 juin 1787.

J. Ant. Meyer, 1738, † 11 janvier 1740, ancien curé de Cernay.

1) Sauf indication contraire, ces noms sont tirés des archives de Soultz et particulièrement des registres paroissiaux.
2) Sans doute le même que Nicolas Zschertlin.

Antoine Guillaume Ph. Gisdörffer, 1749.

J. B. Zipfel, prêtre 1749, † le 23 juillet 1766.

J. Théobald Jux, prêtre, 1743-52.

J.-B. Enderlin, vicaire, 1742-53.

Fr. Jos. Gassmann, vicaire, 1756-58.

Christophe Bint, vicaire 1758, devint curé de Soultz en 1762.

J.-B. Schultz, vicaire, 1759.

J. Conrad Kirscher, de Niederburnhaupt, vicaire, † le 23 août 1761.

Antoine Thiébault, prêtre, † le 27 octobre 1764.

Bernard Schmitt, chapelain pendant 54 ans, 1708, † le 7 janvier 1762, à l'âge de 83 ans.

Ch. Jos. Rudler, vicaire, 1761-62.

J. Jacob Dürr, chapelain primissaire, 1762-91, né à Soultz le 20 novembre 1735, émigra, après la Révolution retiré dans sa famille, † 1809 (Frayhier).

Loos, prêtre, 1764.

Kittler, vicaire, 1762-68.

J. A. Hürth, vicaire 1768-74. né à Soultz le 17 octobre 1735, chapelain à Wattwiller, ex-jésuite, vicaire à Feldkirch, reclus pendant la Terreur à l'âge de 62 ans, après la Révolution retiré dans sa famille, † 1813 (Frayhier).

J.-B. Strehlé, prêtre 1768.

Erhard, vicaire 1771.

Jacob Ebelin, prêtre, † le 23 juin 1772.

Wilhelm, prêtre-vicaire 1772, devint curé de Soultz en 1783.

Fr. Antoine Welté, prêtre 1774-79, né à Soultz le 17 novembre 1749, devint curé de Fessenheim, prêta le serment constitutionnel, vicaire à Soultz en 1793 [1]. † retiré à Soultz en 1812.

Christophe Antoine Dürr, vicaire 1776-83, né à Soultz le 11 décembre 1750, vicaire d'Isenheim, refusa

[1] Desservant à Wuenheim en 1799.

le serment, fut déporté, retiré à Soultz après la Révolution (Frayhier).

Stackler Fr. Antoine, vicaire 1779-82, né à Meyenheim, devint curé de Neuve-Eglise, mourut sur l'échafaud révolutionnaire le 3 février 1796.

Nansé, vicaire 1782.

Foltzer, vicaire 1782-84.

Fladry, vicaire 1884-87.

Welsch, prêtre 1786.

Nicolas Brunck, prêtre 1785, ex-jésuite, retiré à Soultz, † 1821.

J.-B. Tellier, né à Soultz le 17 février 1761, chapelain de Waldner 1786, émigra, † 1824 curé à Ufholtz.

Harnist, vicaire 1788, émigra.

J. François Cromer, prêtre 1788, vicaire 1789, assermenté en 1792.

Berdolet, évêque du Haut-Rhin, réside à Soultz du 7 octobre 1798 à 1803.

Cromer Jean Conrad Stanislas, dit l'aîné, ancien bernardin de l'abbaye de Stuzelbronn, vicaire épiscopal à Soultz 1793-98.

Jean-Léonard Schilling, prêtre à Soultz, ancien curé constitutionnel de Hartmansviller, détenu à Besançon en 1794, figure au synode diocésain de mai 1798.

Jos. Monpoint, secrét. de l'évêque Berdolet, 1798-1803.

François Joseph Daigue, ancien capucin 1792-98.

Sutter Chrétien, né à Guebwiller, ancien bénédictin de Thierbach, 1792-93.

Durrwell, ancien capucin à Thann, émigré, retiré à Soultz (Frayhier).

Durrwell François Dominique, né à Soultz le 12 février 1739, ancien vicaire à Guebwiller, curé de Bergholtz 1768 et de Zimmersheim, émigra, † 1815, retiré à Soultz.

Jean François Nicolas Danzas, prêtre, ancien déporté en surveillance à Soultz 1801.

Larger Jean Michel, né à Soultz le 23 janvier 1765, vicaire à Massevaux, émigra, retiré dans sa famille après la Révolution. † 1808.

Welterlé Louis, prêtre à Soultz, émigré (Frayhier).

Durr Jean, ancien capucin né à Soultz le 8 février 1738. † retiré à Soultz 1812.

Jux, Fr. Ant., anc. cap., né à Soultz le 22 novembre 1747, vicaire à Soultz. † 1824.

Knoll Etienne, ancien dominicain à Haguenau, retiré à Soultz (Frayhier).

Maurer Fr. Jos. Augustin, né à Wittenheim, curé de Wuenheim, puis retiré à Soultz. † 1825.

Vicaires après le Concordat.

Anselm 1820, vicaire.

Herr dep. 1824, vicaire.

Billig. 1825, prêtre auxil.

Dirringer, 1825-27, vicaire.

Lux, vicaire depuis 1827.

Weinling 1827.

Müller 1827-29.

Demerlé 1829.

Gar...nd 1829.

Hummel 1830.

Gassmann 1830.

Wenzinger 1830.

Geyer 1831.

Kah 1831.

Acker 1831.

Lichtlé 1832.

Platz 1834.

Roslé 1834.

Weck 1835.

Burgstahler 1840, plus tard jésuite.

Wagner 1841.

Bruckert 1843.

Simon 1844.

Vetter 1845.

Kobès 1845, plus tard év. du Gabon.

Burel 1846.

Dieterich 1848.

Schmitt 1851.

Litzler 1852.

Thyss 1854.

Kieffer 1854.

Schmidt 1854.

Kochren 1855.

Schmitt 1857.

Ziegler 1857.

Fenger 1861.

Beck 1868.

Sester 1869.

Wenisch 1869.

Hilfiger 1871-77.

Schœch 1872-81.

Scheer 1877-83.

Schœlé 1881-90.

Gruss 1883-90.

Hegy 1890-1901. Sig 1900-1901.
Kœner 1893-1900. Lang 1901.
Luck 1898-1903. Hentz 1903.

Confrérie du Rosaire.

Cette confrérie fut instituée à Soultz en 1699 par le zèle pieux du curé de cette ville Fr. Ignace Rieden. Elle était destinée à augmenter le culte de la sainte Vierge dans la paroisse et portait le nom de *Marianischer Rosengarten* ou *Confrérie du saint Rosaire.* Les bulles d'institution, les règles et statuts, le nom des membres adhérents, les revenus et fondations de cette société sont consignés dans trois registres datant de l'époque de l'institution et conservés jusqu'à nos jours dans les archives de la paroisse.

Sur les premières pages de l'un d'eux est la copie vidimée des lettres patentes octroyées par le général des Frères prêcheurs ou Dominicains. Par ces lettres datées du 27 septembre 1698, le général Fr. Antonin Cloche prenant en considération le pieux désir des habitants de Soultz d'instituer dans leur église paroissiale de Saint-Maurice une confrérie du Rosaire pour augmenter le culte de Dieu et de la sainte Vierge, et d'y élever un autel et une chapelle, *altarem et capellam fundandi,* spécialement destinée à ce culte, leur en donne l'autorisation sous le consentement des autorités ecclésiastiques du lieu et du prieur du couvent voisin de l'ordre des Dominicains.

Tous les fidèles des deux sexes pourront être reçus dans cette confrérie; ils y jouiront de toutes les indulgences attachées par les SS. Pontifes aux associations de ce genre, à condition de célébrer dans la chapelle édifiée à cet effet et chaque année la fête du saint Rosaire qui tombe au premier dimanche du mois d'octobre. Le recteur François Ignace Rieden est désigné pour chapelain de cette confrérie avec pouvoir d'y recevoir tout membre qui le désirera, de bénir les rosaires, d'exposer les saints mystères du Rosaire et en général avec tous les pouvoirs dont jouissent à cet égard les PP. Dominicains dans leurs églises. Il ne pourra accepter aucune rémunération pour l'inscription des membres ou la bénédiction des rosaires, ainsi qu'il est établi dans les statuts de la pieuse société. Dans la susdite chapelle du saint Rosaire on devra peindre l'image de saint Dominique recevant le Rosaire des mains de la sainte Vierge, ainsi que les saints mystères de la Rédemption. C'est ainsi que les indulgences accordées par les papes Paul V et Innocent XI les 20 septembre 1608 et 21 juillet 1679, seront désormais attachées à ladite confrérie. Si toutefois il arrivait que les Dominicains obtiennent la construction d'une église à Soultz, la confrérie et les privilèges y attachés doivent être transférés dans ladite église.

Cette fondation fut approuvée par l'évêque de Bâle au curé recteur Rieden, camérier du chapitre citra Ottensbühl par lettres datées du château de Porrentruy le 1er mars 1699 dont la copie vidimée suit les précédentes.

Voici les règles de la confrérie :

1° Tout chrétien de quelque condition qu'il soit pourra être reçu dans la confrérie par un dominicain ou un autre prêtre revêtu de ce pouvoir par l'autorité ecclésiastique.

Le récipiendaire ne sera tenu à rien donner à cet effet et ne pourra y être forcé par personne.

L'inscription dans le registre de la confrérie est nécessaire pour gagner les indulgences. On pourra faire inscrire les enfants et les défunts.

2° Tout frère ou sœur de la confrérie devra prier chaque semaine trois chapelets de cinq dizaines en dirigeant leur intention vers le bien spirituel de la confrérie et de l'Eglise.

3° Tout frère ou sœur qui ne sera pas valablement empêché devra assister à la procession et à la grand'messe le premier dimanche du mois et aux fêtes de la Vierge dans l'église des Dominicains ou dans celle où la confrérie du Rosaire est instituée.

4° Quiconque voudra faire participer un défunt aux mérites de la confrérie devra outre ses prières dire les trois chapelets requis à l'intention du défunt.

5° Dans toutes les églises où cette confrérie est instituée, on devra célébrer à l'autel du Rosaire quatre offices par an après les quatre principales fêtes de la Vierge, la Présentation, l'Annonciation, l'Assomption et la Nativité.

A ces offices les confrères devront appliquer leurs prières et leurs offrandes aux âmes des défunts.

6° Afin que l'omission des règles susdites ne puisse donner lieu à des scrupules de conscience, les fondateurs de cette confrérie ont établi que cette omission ne peut être aucunement imputée à péché.

7° Tous les confrères pourront choisir trois jours après Pâques, la Purification, l'Annonciation, la Visitation et la Nativité de la Vierge, un confesseur de l'ordre des Dominicains, lequel aura pouvoir de les absoudre de toute sentence ecclésiastique et de tout péché, sauf ceux mentionnés dans la bulle *Cœnæ Domini*. Ce pouvoir pourra être accordé aux prêtres désignés comme *Præses* de la congrégation.

8° Nul ne pourra instituer cette confrérie dans une église ou une chapelle sans la permission particulière du pape et du général des Dominicains. Toute confrérie institué contrairement à ces règles sera reconnue comme nulle et ne pourra obtenir les privilèges et indulgences attachées.

Cette archiconfrérie fut solennellement instituée le 8 mars 1699 par le P. Dominicain Pius Bininger de Guebwiller. Les dignitaires furent :

Præses : Fr. Ignace Rieden, chanoine de Saint-Martin de Colmar, camérier du chapitre rural citra ottensbühl, chanoine, recteur et curé de Soultz.

Préfet-Protecteur : Henri Joseph Faber J. V. L., bailli de Soultz.

Assistants : Louis d'Aubry, prévôt, Florian Rieden, conseiller de Murbach, Ernest Bach, greffier.

Préfets : François Marloys, bailli de Wittolsheim ; Théodore Bernard Heusser, secrétaire de la maison de Saint-Jean à Soultz.

15 Conseillers. Aux mystères joyeux : Maurice Schmidt, bourgmestre ; J. Georges Lorentz, F. Domball, Henri Schmidt, J. Jacques Pfaffenzeller, tous du conseil de ville.

Aux mystères douloureux : J. Conrad Marlois, Laurent Beltz, Michel Witschger, J. Ulric Cromer, J. Georges Preyman, tous du conseil de ville.

Aux mystères glorieux : J. Conrad Herrmann, chef de tribune, Antoine Schmidt, Conrad Durrwell, Michel Laucher, Maurice Kuen.

Secrétaire : Fr. Henri Mayer, receveur des Trois Rois et membre du conseil de ville.

Bedeau (Cedel) : Dietrich Riede.

Préfètes des jeunes filles : Marie Françoise d'Aubry, Anne Marie Marloys.

Porteuses de la Vierge : Marie Catherine Lipold, Marie Elisabeth Widmer.

Porteuses des mystères joyeux : M. Elisabeth d'Aubry, M. Elisabeth Mayer, Sophie Cromer, Sophie Léopold, Françoise Beltz ; *des mystères douloureux* : Anne Marguerite Mayer, Françoise Lorentz, M. Anne Rieden, Marguerite Durrwell, Catherine Widmer ; *des mystères glorieux* : Sophie Laucher, Barbe Preyman, Catherine Witschger, Catherine Durrwell, Catherine Larger.

Assistantes des porteuses de la Vierge : Claire Anna Schœpfer, Eve Kauffmann.

Préfètes des femmes : Anne Marguerite Renckhin, femme du bailli ; M. Elisabeth Régine Hugin, femme du prévôt.

Porteuses des mystères joyeux : Marie Françoise Rieden, femme du greffier ; M. Elisabeth Schmidin, Marie Elisabeth Richrin, Marie Ursule Meyerin, A. Marie Cromerin.

Aux 5 douloureux : M. Françoise Hess, Marthe Lipold, Sara Lipoldin, A. Marie Durrwellin. A. Barbe Zipflerin.

Aux 5 glorieux : Régine Jæger, Catherine Strenglerin, Véronica Renckhin, A. Marie Zipflerin, A. Marguerite Rotbletzin.

Parmi les membres de la confrérie on note :

R. P. Antonius Maria Mayer Sulzensis capucinorum 1699.

Bernard Schmidt, chapelain 1708.

Béatrix Félicité de Staffelfelden née de Schauenburg, 1728.

R. P. Cosmas Surlacensis, capucin 1699.

Christian de Betz, enseigne au service du roi de France 1706.

David Nicolas de Betz, lieutenant du roi, 1706.

F. Madeleine de Kageneck, 1699.

J. Rudolf Kempf d'Angreth, † 10 février 1703.

Leodegar Meyer, professus ord. S. Bened. Murensis, 1707.

Melchior Hermann Mittnacht, chapelain, curé de Sultzmatt 1699.

Philippe Remy, greffier 1728.

Wolf Jacob v. Kageneck 1699.

Soit 395 membres en 1699; en 1741, le nombre était de 343.

Il y avait peu de fondations attachées à cette confrérie. En 1700, le prévôt d'Aubry fit don d'un capital de 30 ₶; le S. Antoine Schmidt en 1705, donne un capital de 20 ₶ 16 ß 8 d. Anne Frey lègue en 1705 1 schatz de vignes *hinter der burg*; cette vigne était amodiée pour 4 ₶. Henri Schmidt, conseiller au magistrat, fait don d'un capital de 20 livres en 1708. Elisabeth Mahler donne une rente emphytéotique de 15 ₶ en 1712.

Jacques Pfaffenzeller, conseiller, donne une rente emphytéotique de 10 ₶ en 1707. Ignace Lorenz lègue une somme de 10 ₶ 10 ß en 1720. Soit près de 100 ₶

ensemble. En 1755, Louis Antoine Mayer, prêtre de Soultz, lègue à la confrérie une chapelle avec les ornements qu'elle contient sise à côté de sa maison. Antoine Bach, prévôt, son beau-frère, se rend acquéreur de ladite chapelle pour la somme de 405 ſſ, dont il s'engage à payer à la confrérie le montant ou les intérêts.

D'après un état du 18 frimaire an II (8 décembre 1793), voici quelles étaient les confréries et corporations qui furent dissoutes à Soultz : Confrérie de Saint-Sébastien, Congrégation du Rosaire, Congrégation de la Vierge, Compagnie des arquebusiers, Corporations des charrons, des tonneliers, des cordonniers, des maçons et charpentiers.

Nous avons parlé des corporations dans le chapitre que nous avons consacré à l'industrie à Soultz. Nous n'avons pas retrouvé les statuts de la Congrégation de la Vierge, ni de la Compagnie des arquebusiers. Quant à la Confrérie de Saint-Sébastien qui était une association charitable, nous en parlerons dans le chapitre consacré à l'assistance publique à Soultz.

APPENDICES

I.

LES CIMETIÈRES DE SOULTZ

La loi inexorable qui veut que toute existence terrestre ait une fin, fait qu'à côté de toute agglomération des vivants, il y a un champ des morts où vont se rejoindre les générations successives. Quels furent les premiers cimetières des populations de la marche de Soultz? Ils ne nous ont pas été révélés d'une manière certaine. La tradition prétend qu'on a découvert autrefois des cercueils de pierre au lieu dit Sergen, à l'est de Soultz. Ce serait là le lieu de sépulture des colongers mérovingiens. Plus certaine est la découverte d'ossements humains près la porte de Bollwiller, à la croisée de la grande route et du chemin qui mène vers Saint-Georges. Ces ossements furent mis à jour lorsqu'on jeta les fondations de la maison qui se trouve à cette place. Une petite chapelle rurale a peut-être été élevée pour sanctifier ce lieu de sépulture. Toutefois aucun archéologue, ni aucune personne compétente n'ayant assisté à ces fouilles, on ignore si ces inhumations ne datent pas des guerres et des grandes épidémies, et ne sont par conséquent qu'accidentelles.

L'existence d'un cimetière autour de l'église paroissiale nous est révélée dès qu'il est parlé de cette église dans l'histoire. Nous avons déjà rappelé que l'on ensevelissait dans l'église elle-même les personnes notables décédées dans la localité.

Selon l'usage ancien, il y avait sur le cimetière un ossuaire où l'on recueillait les restes des morts que l'on retrouvait en creusant de nouvelles fosses. Cet ossuaire fut reconstruit en 1511 et un autel, consacré à l'archange saint Michel et à saint Christophe, y fut érigé par Jean Stoffel, pour lors prêtre châtelain à Soultz. Cet autel fut doté par lui d'une prébende, du consentement du curé de Soultz. La collature de cette nouvelle chapellenie fut donnée au prévôt et au conseil de Soultz, sous la ratification de l'évêque de Bâle. Le chapelain de cette nouvelle prébende ne devait être pourvu d'aucune autre et devait résider à Soultz. Ce devait être un prêtre séculier de bonnes vie et mœurs. Il ne pouvait aucunement disposer des biens meubles et immeubles de la prébende. Il devait prêter son concours au curé de Soultz toutes les fois qu'il en serait requis. Il devait dire chaque semaine trois messes sur l'autel prébendé : le lundi pour les défunts, le mercredi en l'honneur du Saint-Esprit, et le samedi en l'honneur de la sainte Vierge avec les collectes appropriées.

La dotation constituée par le fondateur de cette prébende consistait dans les rentes suivantes :

10 florins sur la maison de Saint-Jean à Soultz rachetables par 200 florins ;

5 florins et 20 quartauts de seigle, sur messire Jean Guillaume Waldner, rachetables par 200 florins ;

27 schillings sur deux particuliers, rachetables par 27 livres ;

20 mesures de vin blanc, sur trois particuliers, rachetables par 70 florins et 25 livres.

L'acte de fondation sur parchemin, scellé par le bailli Albert de Reguisheim et par le curé Ulrich Schutz, est daté du 10 août 1511.

Il fut ratifié par l'évêque de Bâle le 27 juillet 1512 [1].

Il existe encore aux archives de Soultz des constitutions de rente en faveur de cette prébende datant

---

1) Archives de Soultz.

de 1565 à 1570, après laquelle année on n'en trouve plus traces. Il est évident que, malgré la volonté du fondateur et vu sa faible dotation, cette prébende fut réunie aux autres.

A la date de 1668, il est fait mention dans les registres de décès d'un nouveau cimetière. Il s'agit, vraisemblablement, seulement d'un agrandissement de l'ancien. En 1777, les mêmes registres mentionnent un nouvel agrandissement par l'adjonction du terrain contigu au mur d'enceinte de la ville et sur lequel est bâtie aujourd'hui l'école des filles. L'enfant Jean-Baptiste fut le dernier enseveli, le 30 juin, *in cœmeterio Ecclesia parochiali circumjacente*, et l'enfant Élisabeth Caroline Probst fut la première ensevelie, le 20 juillet, *in cœmeterio mœnibus cuntiguo, uti et sequentes* [1]).

L'esprit révolutionnaire devait se porter jusque sur le champ des morts. Le 17 frimaire, an II (7 décembre 1793), la municipalité, sur les réquisitions du procureur, arrêta que le lieu d'inhumations serait maintenu où il était, comme étant suffisamment propre à la pureté de l'air *(sic)*, mais que l'on y planterait un poteau avec le mot *Égalité*, à partir duquel on ferait les inhumations par rangées et indistinctement [2]).

L'aspect des crânes anonymes entassés dans l'ossuaire ne faisait-il pas depuis longtemps monter aux lèvres la réflexion d'Hamlet : *Étais-tu roi ? étais-tu paysan ?* L'étiquette révolutionnaire était-elle si nécessaire pour proclamer l'égalité de la mort ? Et cela malgré les monuments luxueux que la vanité des descendants élevait sur certains tombeaux. C'est à ces monuments que la Révolution s'attaqua le 3 germinal (23 mars 1794), en ordonnant que les pierres du cimetière serviraient à réparer les halles et le pont derrière l'église. On oubliait que si la vanité a souvent part à l'érection

[1]) Reg'stres paroissiaux.
[2]) *Délibérations.*

des monuments funéraires, c'est plus souvent encore le pieux souvenir des survivants qui cherche à rappeler à tous le souvenir des êtres chers qu'ils ont perdu. Aussi le 16 mars 1804, la municipalité s'empressa-t-elle de voter une somme de 1662 fr. pour réparations au cimetière. Mais le 5 décembre de la même année, par mesure d'hygiène, elle décida de transférer le lieu des inhumations hors de la ville. Une somme de 3000 fr. fut votée pour l'acquisition d'un nouveau terrain. Toutefois les négociations furent très longues; le 15 mai 1807, la municipalité échangea un champ avec M. d'Anthès pour établir sur celui de ce dernier le nouveau cimetière. Mais ce n'est qu'en 1819 que l'on y fit les premières inhumations. Il est situé dans l'angle formé par la route de Bollwiller et celle d'Ensisheim. L'augmentation continuelle de la population nécessita son agrandissement en 1852, puis, en 1853, sur l'initiative d'un bourgeois de Soultz, M. François Xavier Blumstein, qui offrit de suite une somme de 5000 fr. Une souscription fut ouverte entre les habitants de la ville pour élever dans ce cimetière une chapelle qui devait être consacrée à saint Georges en souvenir de celle qui se trouvait sur l'emplacement d'Alswiller. La première pierre en fut posée le 31 juillet 1853.

Cette chapelle, fort simple, mais assez grande, renferme plusieurs souvenirs intéressants. C'est d'abord le bas-relief en bois polychromé du XVe siècle, représentant saint Georges terrassant le dragon, qui se trouvait dans l'ancienne chapelle d'Alswiller, puis la statue de la sainte Vierge du XVIe siècle, qui ornait autrefois un des autels de l'église paroissiale; une intéressante sculpture du XVIIe siècle, représentant un petit squelette dans une niche; le portrait du fondateur Blumstein, et enfin les trois pierres tombales de grands dignitaires de l'ordre de Saint-Jean qui se trouvaient autrefois dans la chapelle de la commanderie de Soultz et qui ont été transportées là sur notre demande par les soins de feu M. le baron de Heckeren d'Anthès, comme le constate une inscription que nous avons fait mettre sur le socle qui sert de soubassement à ces pierres.

Ce cimetière renferme plusieurs monuments intéressants : ceux des familles d'Anthès, de Heckeren, de Cerzé-Lusignan, de Madame d'Anthès, née de Waldner, du général Bouat, du général Blum, de la famille du général Wehrlen, des peintres Ottmar et Henri Beltz, du lieutenant Witschger, du capitaine Will, des curés Wilhelm et Anselm, du docteur West, du docteur Delevicleuse, du préfet West, etc. A la grande porte d'entrée se trouve un ancien bénitier, fort simple, qui porte la date de 1554. Il provient sans doute de l'ancien cimetière.

A côté de ce lieu d'inhumation destiné à la population catholique, se trouve un petit cimetière pour les protestants ; il a été créé également en 1819 et clos en 1851.

Le cimetière des Israélites se trouve à Jungholtz, dans les fossés de l'ancien château de Schauenbourg. La plus ancienne pierre tombale qui s'y trouve est de l'année 1715. Elle rappelle la mémoire d'Abraham Jehuda Leman Reinan, rabbin, qui d'après une tradition, obtint des nobles de Schauenbourg la première concession de ce cimetière. Les principales familles juives de la région y ont des sépultures et l'on y amène des morts de fort loin.

Selon l'usage du moyen-âge, il y avait aussi des cimetières dans l'enclos des maisons religieuses, à la commanderie des chevaliers de Saint-Jean et au prieuré des Cisterciens. On y ensevelissait non seulement les personnes habitant s de ces maisons, mais encore celles de la ville qui le désiraient ; toutefois il était dû pour ces dernières une taxe au curé de la paroisse. Lorsque l'existence de ces maisons devint purement nominale, pour ainsi dire, à la fin du XVIe siècle, les sépultures devinrent excessivement rares dans leurs cimetières.

II.

L'ASSISTANCE PUBLIQUE A SOULTZ

Hôpital, Maladrerie, Confréries de Charité

On exalte chaque jour les progrès de notre époque, et il est de règle, naturellement, de faire un retour méprisant sur les siècles écoulés.

On vante les œuvres sociales, la solidarité, la mutualité, comme fruits du progrès des idées morales. Mais tout cela existait au moyen-âge, tout aussi bien que de nos jours.

Evidemment à une époque où les rois mangeaient sans fourchettes dans de simples écuelles de terre, il ne fallait pas demander que les pauvres et les déshérités de la vie fussent mieux traités qu'eux. Les uns et les autres ne s'en portaient pas plus mal.

Les titres d'Ebersmunster nous apprennent que sous les Carlovingiens déjà, il existait à la porte du monastère une hôtellerie ou hôpital, où, grâce à des revenus particulièrement affectés à cet usage, les passants, les voyageurs, les mendiants étaient hébergés et secourus. A peine Soultz est-elle devenue ville que nous y trouvons, non seulement un hôpital, mais encore une maladrerie spécialement destinée aux malheureux affectés de cette triste maladie de la lèpre importée d'Orient par les croisades. C'est que Soultz était sur une des grandes routes d'alors, et que de nombreux passants y faisaient halte.

Par testament daté du 9 janvier 1288, le noble Conrad de Muntzenheim donne, entre autres legs, sa vache à l'hôpital, et un quartaut de blé aux lépreux : *hospitali pauperum vacam meam, item leprosis quartale bladi* [1]. C'est ensuite le 22 avril 1343 qu'Elisabeth de Bollviller fait de nombreuses dispositions en faveur des fondations religieuses et des pauvres. Elle lègue entre autres à une nommée Nesa, deux schatz de vignes sous la condition de donner à chaque anniversaire de la testatrice deux mesures de vin blanc aux pauvres de Soultz ; elle lègue ensuite à l'hôpital des pauvres et à la léproserie de Soultz, à chacun un lit moyen [2].

L'hôpital et la maladrerie étaient administrés chacun par un bourgeois, ordinairement du conseil, qui avait le nom de *Spitalpfleger* et de *Gutleutpfleger*. Ils en percevaient les revenus, et en faisaient la dépense. Dans la seconde moitié du XIVe siècle, le receveur de l'hospice se nommait Reinhard, et son successeur, Ulric Utzemberg. Ce dernier fut condamné en 1388 à payer aux Cisterciens une cense annuelle que son prédécesseur avait toujours payée au nom de l'hôpital [3].

Un chapelain était attaché à l'hôpital, dès 1394, où il figure dans le pouillé du diocèse de Bâle, des archives dép. de Colmar. Il figure encore dans celui de 1441.

M. Knoll [4] cite un titre de l'année 1516 que nous n'avons plus retrouvé, ni aux archives de la ville ni dans sa collection, qui donnait quelques détails sur l'organisation de l'hôpital. D'après ce titre une sorte d'entrepreneur ou *Spitalmeister* prenait à bail pour neuf ans tous les biens de l'hôpital. Il devait faire saigner les malades, tenir en bon état les bâtiments et le mobilier, faire une distribution de bois de chauffage aux nécessiteux et d'avoir toujours une salle garnie de lits pour les ouvriers et artisans malades. Il devait fournir annuellement à l'hôpital douze sacs de froment et neuf

---

1) Trouillat, II, p. 453.
2) Cette dénomination vient de ce qu'il était d'usage de faire coucher dans les hôpitaux, plusieurs personnes ensemble dans de grands lits. Il y avait toutefois de petits lits pour une seule personne et des lits moyens pour 2 ou 3 personnes seulement.
3) Tr. IV, p. 799.
4) *Revue d'Alsace*, 1856, p. 255.

d'avoine. En cas de guerre, il devait mettre à la disposition de la ville une voiture à quatre roues attelée d'un bon cheval ; il devait chercher aussi à un mille de distance les gens du grand bailli de Rouffach au cas au celui-ci voudrait venir chasser dans les environs de Soultz. Moyennant un salaire d'une livre bâloise, il avait aussi charge d'ouvrir la porte de la ville adjacente à l'hôpital.

Cette porte, appelée *Spitalthor*, faisait communiquer la ville avec son faubourg du côté de Guebwiller. L'hôpital était situé à gauche de la porte en sortant. Ces bâtiments, qui ont servi jusqu'en 1821, ont été en partie démolis pour l'élargissement et l'alignement de la rue. Une Assomption peinte dans un élégant médaillon Louis XIV, au-dessus d'une porte, rappelle seule l'ancienne destination de cette maison.

Il est singulier que ni le livre des serments de 1569, ni celui de 1578, ne parlent de l'hôpital et des fonctionnaires qui y étaient attachés. Par contre celui de 1687, marque les obligations du *Bettelvogt* ou chasse-coquin et du fermier de l'hôpital ou *Spitalbauer*.

Le *Bettelvogt*, de même que tout autre bourgeois, ne devait héberger aucun étranger plus d'une nuit sans permission des autorités. Il devait fermer l'hôpital à l'heure prescrite, afin que les pauvres, après avoir reçu leur aumône, ne pussent errer à travers la ville. S'il survenait querelle dans l'hôpital, ou toute chose criminelle, ou si l'un ou l'autre pauvre usait du tabac, ou buvait, le *Bettelvogt* devait en avertir aussitôt le prévôt ou le conseil, afin que le délinquant fut expulsé. Enfin, il devait veiller à l'extinction du feu et de la lumière pendant la nuit, avant même que les pauvres fussent allés au lit.

Quant au fermier qui prenait à bail les biens de l'hospice, il devait veiller à les maintenir en bon état, soigner convenablement les taureaux et le verrat communaux, surveiller le *Bettelvogt*, afin que ce dernier fasse ponctuellement son service, et dénoncer tout manquement au prévôt et au conseil. Il n'y est plus trace des autres obligations mentionnées selon M. Knoll en 1516.

Par son testament enregistré le 15 mars 1537, le défunt prévôt Théobald Kesman, légua à l'hôpital un capital de 5 livres bâloises devant rapporter 5 schillings bâlois d'intérêt. Ce revenu devait être perpétuellement consacré à donner chaque année aux pauvres de l'hôpital, le jour de la Commémoration des morts, un setier de bouillie préparée au beurre, afin qu'ils aient quelque chose de chaud à se partager entre eux.

Le reste de revenu devait être porté au compte des recettes de l'hôpital [1].

Le 26 mars 1588, le bailli de Soultz vendit au nom de l'évêché, à Théobald Wendt, la grange aux dimes de Soultz, pour la somme de 437 livres, 10 sols, et il fit don de la créance à l'hôpital [2].

Cet établissement devait jouir d'un assez beau revenu. Les rentes perçues p.. hospice sont consignées dans plusieurs registres dont le plus ancien est de 1607. Il y avait des biens jusque dans les bans de Bollwiller et de Feldkirch. Les recettes annuelles de l'hôpital se montaient à 2150 livres dans les dernières années qui ont précédé la Révolution. Quant aux dépenses, elles s'élevaient à 3256 livres.

La maladrerie ou léproserie *(Gutleuthof)*, que nous trouvons aussi anciennement que l'hôpital, était située hors de la ville, sur la route de Guebwiller, près d'un petit étang réduit aujourd'hui à un simple ruisseau. (Jardin Schreyer), au-delà de l'hôpital actuel.

Il y avait dans cet établissement non seulement une maison destinée à loger les lépreux, mais encore une chapelle consacrée à sainte Marguerite. Un chapelain avait la desserte de cette chapelle dès 1394, et pouvait donner les secours de la religion aux malheureux séparés du monde par la plus horrible des maladies. Les

1) Coll. Knoll.
2) Arch. de Soultz *(Schuldbuch)*.

registres paroissiaux de Soultz nous apprennent que la maladrerie était encore habitée jusqu'en 1679. Les malheureux malades y vivaient d'aumônes, se mariant entre eux, et ayant des enfants qui étaient condamnés désormais à la même existence de paria. Voici à titre de curiosité la liste de ceux que nous avons pu relever :

J. Berckmuller, † *in ædibus leprorum* 7 déc. 1585. Anastase Eckhart, lépreux d'Oberberckheim, épouse, le 16 novembre 1587, Anne Marie Bertsch de Saint-Amarin, veuve.

Laurent Metzger, de Stetten, bailliage de Landser, veuf, épouse le 13 octobre 1642 Catherine Reybrin de Hugstetten, veuve.

J. Rusch, de Souabe. épouse le 7 juin 1649 Marie Zweck, de Suisse; ils ont pour témoins J. Schmidt, de Soultz et J. Rudolph Molz, de Rouffach, tous lépreux.

J. Schmidt est mort le 25 novembre 1656. Il avait une fille Anne Barbe qui épouse J. Mohr, de Lucerne, le 1er février 1655, dont elle eut plusieurs enfants : 1° Anne Barbe, née le 16 juin 1660, qui eut pour parrains Georges Rauch, du conseil de Soultz, et Barbe Sutter, fille de lépreux, de Rouffach; 2° Jean Georges, né le 11 août 1664; 3° Marie Madeleine, née le 24 nov. 1670. Barbe Schmidt est décédée le 4 avril 1672.

Son époux Jean Mohr parait avoir eu du goût pour le mariage, car il épousa en secondes noces, le 13 février 1673, Christine Gaufferin, de Wilthal en Brisgau, lépreuse. Il eut pour témoins J. Caspar Doffel, lépreux, d'Ensisheim, et Fridlin Schneider, de Soultz. Christine Gaufferin mourut le 2 mars 1675; son mari épousa en troisièmes noces Anne Marie Rueprecht le 30 janvier 1679. Ils eurent pour témoin J. J. Blass, lépreux. A côté de cette famille, nous trouvons un autre couple, celui de Peter Toffel et de Mathilde Berschet, qui eut un fils J. Georges, né le 16 avril 1665. Il eut pour parrain Georges Suter, de Rouffach, et Anne Barbe Schmidt, lépreux.

Un autre lépreux de Soultz, J. Jacques Bähr, épouse, le 24 août 1665, Clara Angèle Hiltenbrantin, de Rheinhausen en Brunswig. Ils eurent pour témoins Conrad Hiltenbrant père, lépreux, d'Ammerschwihr; J. Mohr, lépreux, de Soultz; Christian Schallner et Georges Rauch, les deux membres du conseil de Soultz.

Vers la même époque, nous trouvons encore les noms de

Anne Grasserin, † le 23 juin 1662 et

Maria Zäcklin, † le 6 janvier 1670.

Il semble ressortir de ces documents que les lépreux n'étaient pas absolument renfermés, mais qu'ils erraient souvent de maladrerie en maladrerie, témoin ce lépreux d'Ammerschwihr qui a une fille née dans le Brunswig, laquelle vient épouser un lépreux de Soultz.

La maladie de la lèpre qui semble avoir eu une recrudescence à la suite de la guerre de Trente-Ans, disparaît à la fin du XVIIe siècle, et les maladreries devinrent inutiles.

Un arrêt du conseil d'État du 11 février 1701 réunit les léproseries de Soultz et de Guebwiller à l'hôpital de Rouffach. Mais cet établissement n'ayant pas satisfait aux charges de fondation, tout en percevant les revenus des maladreries, un édit du roi du 27 juillet 1739 en détacha ces revenus et les réunit à ceux des hôpitaux respectifs desdites villes. Les revenus de la maladrerie de Soultz, suivant une colligente de 1658, ne s'élevaient pas à plus de 50 livres. La maison et la chapelle de cet établissement se trouvant depuis long-temps en délabrement, furent démolis en 1755, et les matériaux en provenant furent adjugés le 12 mai de ladite année à un nommé Diring pour la somme de 125 livres.

A la Révolution les revenus de l'hôpital de Soultz s'augmentèrent encore de ceux de la confrérie de Saint-Sébastien. Cette dernière était une véritable association de secours mutuels qui s'étendaient non seulement aux besoins matériels, mais encore aux besoins spirituels même après la mort.

Ces confréries existaient dans plusieurs localités d'Alsace, où elles étaient connues sous le nom de *Reite*. L'existence d'une confrérie portant ce nom à Soultz, nous est révélée par un rotule indiquant les rentes perçues par cette confrérie en 1429. Des surcharges et des ratures faites sur ce document à la fin du XV⁰ siècle et au commencement du XVI⁰ marquent la continuité de cette existence. Mais elle semble avoir décliné dans le cours des années prospères du XVI⁰ siècle.

D'après un des documents conservés dans la boule terminale du clocher de l'église paroissiale, une nouvelle confrérie fut érigée, probablement en renouvellement de l'ancienne *Reite*, et placée sous le patronage de saint Sébastien au moment des grandes pestes qui sévirent à la fin du XVI⁰ siècle, et au commencement du XVII⁰. La première mention datée de la confrérie de Saint-Sébastien nous est fournie par un acte du 13 juin 1631, par lequel le trésorier ou *Reitmeister* de la confrérie vend pour 275 livres bâloises, à un nommé Jean Thiébaut Spennhauer, bourgeois, boucher à Soultz, une maison sise sur le cimetière et touchant à la cour du presbytère et à l'acheteur lui-même. La confrérie fut dotée en biens et rentes, et on éleva une chapelle près de l'hôpital sous l'invocation de saint Sébastien, afin de pouvoir y dire une messe chaque semaine. En 1665, les confrères constatant l'augmentation continuelle de leur nombre, décidèrent d'avoir un propre chapelain, et ils désignèrent pour ce titre le chapelain de la ville, Maître Jean François Eggenstein. Il devait dire une messe le jeudi de chaque semaine dans la chapelle de Saint-Sébastien, à l'exception des jours fériés. L'offrande donnée à cette messe devait lui être remise. A la mort d'un confrère, ou d'une sœur, il devait dire une messe avec *requiem* pour le repos de son âme, toujours dans la chapelle;

l'offrande lui appartenait encore. A la fête des saints patrons saint Sébastien, saint Roch et saint Charles Borromée, il devait dire une grand'messe, soit dans la chapelle, soit sur leur autel dans l'église paroissiale de Saint-Maurice ; mais les offertes de ces trois fêtes restaient à la confrérie. Le chapelain devait recevoir en outre de la confrérie pour salaire, à chaque Quatre-Temps, la somme de 25 livres bâloises.

En cas de maladie le chapelain devait se faire remplacer par un autre prêtre, de çon que la messe fut dite chaque semaine, à 6 heures en été et à 7 heures en hiver. En 1738 l'État contesta au chapelain Bernard Schmidt le titre de cette prébende ; un procès fut engagé au Conseil souverain à Colmar [1]).

La chapelle de Saint-Sébastien était située à l'angle de la rue qui porte le même nom et de la rue du faubourg. Elle avait un clocher qui contenait une petite cloche. D'après M. Knoll, on y éleva, en 1663, un autel dont l'exécution fut confiée aux sculpteurs Georges Muller de Thann et Pierre Amplatz de Soultz [2]).

La colligente de 1684 mentionne avec différentes rentes foncières une part de la dime en fruits et en vin se montant à 2/14, ainsi que les offrandes des fêtes patronales de la confrérie. Par contre la confrérie devait payer annuellement 2 livres pour l'anniversaire fondé pour l'âme du conseiller Léonard Wendt, plus 1 livre 5 sols au chapitre *Circa colles Ottonis*. Le sacristain percevait aux Quatre-Temps 10 schillings, soit 2 livres par an. Les bedeaux *(Pedellen)* autant, le trésorier *(Reitmeister)* 6 livres par an.

En 1782, les revenus de la confrérie s'élevaient à 512 livres, 11 sols, 2 deniers.

Indépendamment des secours spirituels que les membres de la confrérie se donnaient entre eux par

1) *Revue d'Alsace*, 1886, p. 122.
2) Ib'd., 1866.

la prière, ils venaient en aide par des secours matériels
en cas de maladie, de vieillesse, d'incapacité de travail,
à ceux qui se trouvaient dans le besoin. De plus ils
intervenaient pour combler les déficit qui se produisaient
dans les comptes de l'hôpital, par suite de l'insuffisance
des revenus de ce dernier établissement.

Aussi la ville de Soultz revendiqua pour son hospice
les biens de la confrérie de Saint-Sébastien, dissoute
par la Révolution. Elle basait ses revendications sur le
caractère charitable qu'avait cette confrérie, et elle obtint
gain de cause.

D'après une délibération de la municipalité en date
du 28 juin 1780, le Conseil souverain d'Alsace avait
remis la chapelle Saint-Sébastien à l'hospice de la ville.
D'après un rapport du 6 décembre de la même année,
cette chapelle était en ruine. Cependant elle fut saisie
et vendue comme bien national : la ville engagea un
procès et obtint le 11 mars 1797 l'annulation de la
vente faite à un nommé Anselm de Guebwiller.

En 1793, lorsque les biens de la confrérie furent
définitivement annexées à ceux de l'hospice, elle avait
9137 livres de recettes contre 2301 de dépenses. Cet
excédent de recettes vint à propos pour combler le
déficit de l'hospice dont la recette s'élevait à 4761 livres,
tandis que les dépenses montaient à 9684.

Nous avons déjà eu l'occasion de parler de deux
fondations charitables qui existaient à Soultz. L'une
était appelée *Ewige Almuose*, ou aumône perpétuelle.
Elle avait été fondée par Jean Léonard Haller, prévôt
à Soultz de 1576 à 1589, et par sa femme Appoline
Harmisterin. En 1607, les rentes dont cette fondation
était dotée se montaient à 57 livres, 22 sols, 6 deniers.
Nous manquons d'autres détails, et il est probable qu'elle
fut annexée de bonne heure aux biens de l'hospice.

Une autre fondation qui porte bien le sceau de l'époque
fut faite, en 1593, par le sire de Schauenbourg qui donna
à la ville une somme de 580 florins. Le revenu de ce

capital devait être distribué annuellement à six pauvres femmes, à condition que celles-ci porteraient sur leurs habits les armoiries de Schauenbourg. En 1700, il était alloué de ce chef à chacune des six femmes 2 sols 8 deniers par semaine. Nous avons lieu de supposer que cette rente fut également jointe aux revenus de l'hospice.

La jeune municipalité de 1788 voulut réglementer à nouveau la distribution des secours aux pauvres. « Elle décida, le 21 septembre 1788, sur la proposition du syndic, qu'il y avait lieu de mettre ordre à la mendicité pour pouvoir distribuer judicieusement la charité, en conséquence qu'il serait publié à l'issue de la grand'messe que tout ceux qui désiraient l'aumône s'adresseraient à Vincent Richard, pour se faire inscrire avec leur âge, raison de pauvreté, facultés et enfants ; en outre qu'il serait placé à chaque porte de l'église paroissiale un tronc pour les pauvres honteux, lesquels seraient fermés à deux clefs, dont l'une serait aux mains du sieur Witschger, l'autre au syndic, et l'état du produit d'iceux serait communiqué à l'assemblée pour en faire la distribution. Witschger fut commis en outre pour être présent à la distribution des aumônes quêtées par les valets des pauvres, afin de mettre ordre aux abus. Les quêtes faites par lesdits valets seraient enregistrées par le sieur Bernon et le registre produit à l'assemblée ».

« Plus, pour prévenir les dépenses arbitraires, le receveur de l'hôpital serait prévenu de ne faire désormais aucun paiement qu'en conséquence d'un mandat signé par le syndic et deux membres de la municipalité. De même l'apothicaire et le boucher ne délivreraient de fournitures que sur un semblable mandat ».

Mais tout ce beau zèle fut entravé par la résistance de l'ancien corps de magistrat encore subsistant. Le bailli fit défendre aux deux chasse-coquins de remettre à personne autre qu'au sieur Bouat, comme précédemment, le produit des deux quêtes hebdomadaires ; même défense fut faite à l'apothicaire et au boucher. La municipalité dut en référer à la Commission intermédiaire du District.

La loi qui avait ordonné la confiscation des biens de tous les établissements publics, avait différé son application aux biens des hospices. Celle du 16 vendémiaire, an V (7 oct. 1796), conserva définitivement les hôpitaux dans la jouissance de tous leurs biens.

Les anciens bâtiments de l'hospice de Soultz étaient devenus trop petits et mal organisés pour l'application des règles d'hygiène ; on décida d'acquérir, en 1821, l'ancien couvent des Capucins, pour la somme de 29.000 livres. C'est dans ce bâtiment, situé hors ville du côté de Guebwiller, que se trouve encore aujourd'hui l'hôpital. Les anciens bâtiments furent adjugés en trois lots : le premier au sieur Larcher pour 4600 liv., le second à Meyling pour 3900 liv., et le troisième aux sieurs Preiss et Stœss pour 6010 liv.

En 1824, le soin des malades fut confié à deux sœurs de la congrégation de Saint-Vincent-de-Paul de Strasbourg, à chacune desquelles on donna un traitement de 100 francs avec la nourriture et le logement. Ce nombre fut porté à trois en 1863, puis augmenté encore dans la suite. C'est en 1856 que sœur Célestine, ancienne supérieure de l'hôpital de Soultz, fut remplacée par sœur Delphine, encore à la tête de cet établissement et dont nous avons pu apprécier l'énergie, le zèle et la sage économie dans la conduite difficile d'une maison aussi importante.

L'hospice de Soultz ne reçoit pas seulement en effet les malades et les pauvres de la ville, mais encore de nombreux pensionnaires souvent bien exigeants [1].

---

[1] Un jour, un de ceux-ci s'avisa de traîner par une ficelle à travers les salles, la gamelle qui contenait la soupe, disant qu'il fallait la conduire, car elle n'avait pas d'yeux. Nous gardons à côté de ce souvenir humoristique, celui d'un drame où un de ces pensionnaires égorgea une vieille religieuse qui le servait et se coupa la gorge ensuite.

Les sœurs aidées par les hospitalisés tant soit peu valides ont encore la conduite d'un important corps de ferme. Les étables qui en dépendent furent construites en 1844 pour 6000 francs.

En 1842, l'hospice contenait trois lits pour les militaires et quatorze pour les civils. Ce nombre fut encore augmenté en 1862, et la salle qui servit d'oratoire fut destinée à recevoir de nouveaux lits. On construisit alors l'élégante chapelle actuelle qui, bien que fort simple, est disposée confortablement pour que les malades puissent profiter des offices religieux. Le prix de cette construction s'éleva à 5000 francs, dont une partie fut couverte par une souscription publique.

La cloche de l'hôpital fut refondue en 1850 par François Doniat, fondeur à Soultz.

Cet établissement est administré par un conseil présidé par le maire et composé de six membres. Il possédait, vers 1855, 8000 francs de revenus. Aux anciens biens antérieurs à la Révolution sont venus s'ajouter de nombreuses donations dans le cours du XIXe siècle. Parmi les plus importantes nous citerons le legs Chenay et d'Anthès, et surtout la belle donation faite en 1891 par M. Krafft, ancien notaire à Soultz, à l'occasion de la mort de Mme Krafft, d'une forêt estimé 125.000 francs. qui couvre tout le flanc gauche de la vallée de Rimbach sur plus de trois kilomètres.

Depuis la seconde moitié du XIXe siècle il existe à Soultz un bureau de bienfaisance administrée par un conseil composé du curé, du maire et de deux notables dont l'un fait fonction de trésorier. Les ressources de cet établissement consistent en souscriptions publiques, auxquelles s'ajoutent les revenus de quelques capitaux provenant de legs et donations. dont la principale est celle de M. Krafft, qui se monte à 10.000 francs. L'établissement possède une maison près de la rue du Temple, où trois sœurs de la congrégation de la Providence de Niederbronn distribuent dans un réfectoire, chaque jour, à midi, un repas à tous les pauvres qui se présentent.

Ces religieuses vont aussi à domicile, soigner gratuitement les malades, distribuent des secours en argent, en pain et en viande. Le bien accompli aux pauvres est immense et réalisé par des miracles d'économie, eu égard aux faibles ressources dont le bureau dispose.

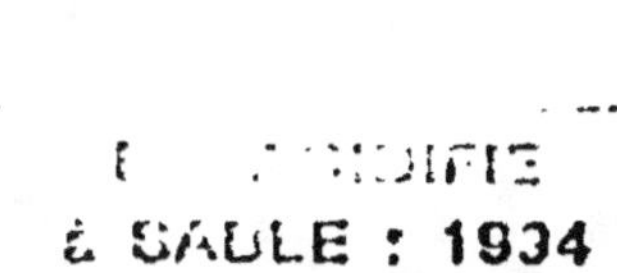

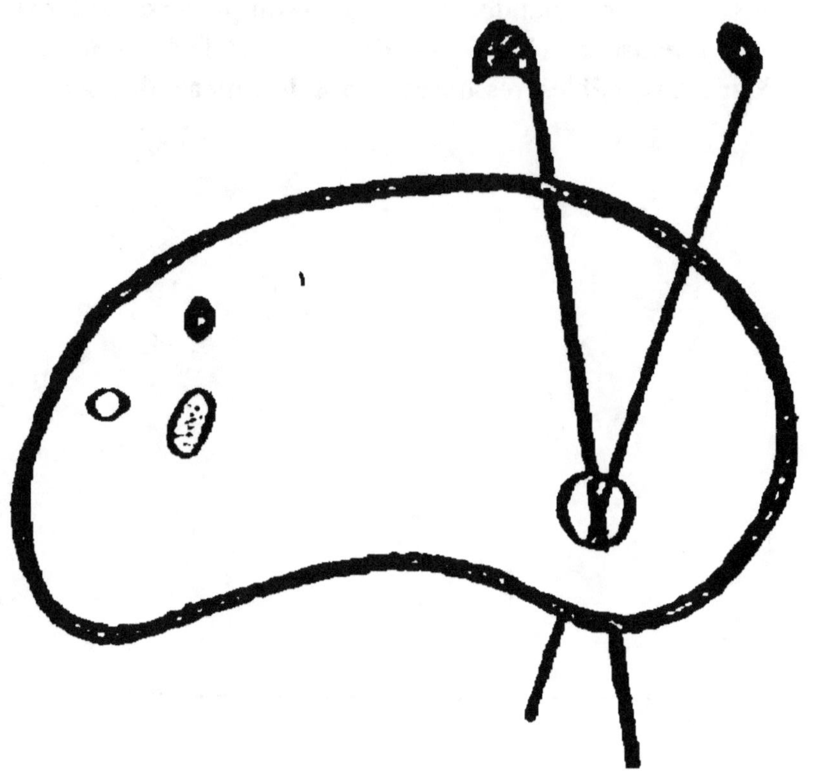

ORIGINAL EN COULEUR
MF Z 43 120 8